Margot Käßmann

SEHNSUCHT
nach LEBEN

MIT BILDERN VON
EBERHARD MÜNCH

Inhalt

Der Candler School of Theology
an der Emory University in Atlanta und MBA
in Dankbarkeit für eine wunderbare Zeit

Vorwort

Sehnsucht. Ein Wort, das unmittelbar Gefühle in uns auslöst. Sich sehnen, das ist etwas sehr Emotionales, da geht es um ganz Eigenes, es schwingen Lebensfragen, Hoffnungen mit. Ein Mensch, der sich sehnt, träumt von Veränderung, wagt, das Vorgefundene infrage zu stellen. Wenn wir uns nach etwas sehnen, bedeutet dies ja, dass wir wagen, Neues, ganz anderes zu denken – in unserem persönlichen Leben oder auch für unsere Welt.

„Die Zukunft gehört denen, die an die Schönheit ihrer Träume glauben." Diesen Ausspruch von Eleanor Roosevelt schrieb mir jemand in den Kommentar meines Blogs, den ich während meiner Zeit in den USA führte. Ein bewegender Satz. Wer träumt, malt Bilder von einer anderen Zukunft. Er oder sie hat noch die Kraft zu hoffen, den Mut zu denken, dass alles anders werden kann, und gehört nicht zu denen, die einfach aufgeben oder meinen, sie könnten nichts ändern, weil es nun mal so ist, wie es ist.

Sehnsucht stellt die Frage nach dem Sinn meines Lebens, nach dem, was mich im tiefsten Inneren bewegt. Deshalb ist Sehnsucht auch eine so kreative Kraft, selbst da, wo sie belächelt wird. Sie treibt Menschen vorwärts und veranlasst sie dazu, Literatur und Musik, Bilder und Verse zu erschaffen. *Sie* sehnt sich noch im Alter nach einer neuen Liebe – wie unsinnig! *Er* glaubt tatsächlich, er könne die Welt gerechter machen – wie unrealistisch! *Sie* meint in der Tat, Frieden könne auch durch Worte und nicht nur durch Waffen geschaffen werden – wie naiv. *Er* denkt darüber nach, seinem Leben noch einmal eine neue Richtung zu geben – wie blauäugig!

Die Sehnenden sind wie die Träumenden. Weil sie sich nach Leben, ja, nach erfülltem Leben sehnen, wollen sie die Welt verändern. Träumende und Sehnende denken über Grenzen hinaus, so wie Martin Luther King, der den Traum hatte, dass einst seine Kinder frei leben könnten in einem Land, in dem die Hautfarbe eines Menschen keine Rolle spielt. Doch er wurde dafür belächelt, ja, verachtet und gehasst und bezahlte seine Sehnsucht nach einer gerechten Welt am Ende mit dem Leben.

Träumende und Sehnende finden sich nicht mit der vermeintlich unveränderbaren Realität ab, sondern malen Bilder der Zukunft, die über die Wirklichkeit hinausgehen. Dabei kann Sehnsucht eine ungeheure Kraft entfalten: Ich denke etwa an die Sehnsucht, nach Hause, nach Jerusalem zurückzukehren, von der so mancher biblische Psalm singt. Sehnsucht kann auch weltbewegend sein, ja, die Welt verändern. Denken wir nur an die Sehnsucht nach Freiheit, die nordamerikanische Sklaven antrieb und ein ganzes Land bewegte, bis schließlich ein schwarzer Präsident mit seiner Familie ins Weiße Haus in Washington einzog. Oder die Sehnsucht nach Gleichberechtigung, die Frauen in vielen Ländern der Erde auf die Straße trieb, bis dieses Versprechen in der Verfassung verankert war.

Auch die Bibel weiß von solcher Sehnsucht nach Leben zu erzählen. Etwa wenn es in Psalm 126 heißt: „Wenn der Herr die Gefangenen Zions erlösen wird, so werden wir sein wie die Träumenden. Dann wird unser Mund voll Lachens und unsere Zunge voll Rühmens sein ... Die mit Tränen säen, werden mit Freuden ernten" (Verse 1, 2 und 5). Der Psalmbeter fasst jene Sehnsucht nach Freiheit und Frieden und erfülltem Leben in Worte, die auch über Jahrtausende hinweg nichts von ihrer Bedeutung verloren haben.

Aber in der Sehnsucht – im Sehnen, das zur Sucht werden kann – schwingt auch die Ahnung von schmerzlichen Erfahrungen mit. Wenn ich das, worauf sich meine Sehnsucht richtet, nicht erreiche, kann das bitter sein. Wenn der Mensch, nach dem ich mich sehne, den ich begehre, mich zurückweist, tut das weh. Wenn meine Sehnsucht nach Gott sich nicht so erfüllt, wie ich es mir vorstelle, kann das eine herbe Enttäuschung hervorrufen. Wenn mein Leben auf krumme Wege, ja, auf Abwege gerät, wird mich das beängstigen, mein Leben einengen. Dann gilt es, die nötige Kraft zu finden, um mit der Nichterfüllung der Sehnsucht leben zu können, ohne ständig vom Schmerz darüber niedergedrückt zu werden.

Sehnendes Verlangen kann auch krankhaft sein und sich sogar in Form von Todessehnsucht äußern. Und es gibt sicher auch eine Sehnsucht, die all das Gute, das wir erfahren, nicht wertschätzt. Da erscheint dann ein anderes Leben immer besser als das eigene – mit einer anderen Frau, an einem anderen Ort oder einem anderen Arbeitsplatz. Sehnsucht, die das Maß des erfüllten Lebens aus den Augen verliert, kann zerstörerisch wirken.

Ich denke aber, jeder Mensch sehnt sich letzten Endes schlicht nach erfülltem Leben. Unser eigenes Leben soll doch besonders sein. Da möchte ein Mann die Jahre, die ihm geschenkt sind, bewusst leben. Eine Frau wünscht sich, dass sich nach ihrem Tod jemand an sie erinnert und sie sich nicht einfach auflöst wie eine „Träne in einem Ozean", ohne jede individuelle Bedeutung.

Sehnsucht beinhaltet auch das Sehnen nach Gottvertrauen, Geborgenheit, Beheimatung, Liebe. Der christliche Glaube kennt diese Sehnsucht sehr gut. Wie kann ich zu Gott finden, wie meinem Leben Halt geben? Martin Luther hat erklärt, dass nichts, was ich tue oder leiste, meinem Leben Sinn gibt oder es rechtfertigt, sondern allein, dass ich mich Gott anvertraue. Menschen, die das erfahren dürfen, spüren, dass die eigene Sehnsucht Erfüllung findet. Ein solcher Mensch macht die Erfahrung, dass er gehalten und getragen wird – diese Erfahrung kann für viele auf bewegende Weise die Sehnsucht nach Leben stillen. Menschen, die das wahrnehmen, können den Herausforderungen des Lebens mit einer tiefen Ruhe und Gelassenheit begegnen – das ist zumindest meine Erfahrung. Sie finden eine tiefe innere Freiheit und Lebensheiterkeit, die sie auch nach außen hin ausstrahlen.

Aber gestillte Sehnsucht wird im Leben immer nur eine Phase darstellen. Denn Sehnsucht stellt auch eine Kreativität des Lebens dar. In einer humorvollen Nacherzählung der Paradiesgeschichte beschreibt Wladimir Kaminer, wie Adam zwar schockiert darüber ist, das Paradies verlassen zu müssen, „doch in der Tiefe seiner unsterblichen Seele war er eigentlich froh, dass endlich etwas passierte in seinem Leben. In Gottes Paradies zu sitzen … ist auf alle Ewigkeit doch etwas eintönig, fand Adam"*. Das weist auf eine wichtige Spannung hin: Wir spüren Sehnsucht nach absoluter Erfüllung und gleichzeitig spricht das gelebte Leben mit seinen Höhen und Tiefen immer wieder neu die Kreativität des Menschen an und fordert uns heraus. Wer keine Sehnsucht mehr hat, stumpft ab, das Leben wird eintönig und eng. Das gilt auch für den Glauben: Wer meint, ihn zu besitzen, wer keinen Zweifel kennt, empfindet ihn irgendwann als eintönig. Und für wen die Gottesbeziehung nicht immer wieder eine gewisse Spannung aushalten muss, der empfindet den Glauben irgendwann als einengend. Daher gehört Sehnsucht zum Leben wie zum Glauben und macht das Leben reich, offen, kreativ, fantasievoll.

Mit diesem Buch möchte ich Menschen Mut machen, sich ihren Sehnsüchten anzunähern und sich ihren Befürchtungen zu stellen. Wir alle haben Angst vor Veränderung. Und auch ich kann sagen, dass ich mich nach den Veränderungen in meinem Leben niemals gesehnt habe, sie aber im Nachhinein als große Bereicherung sehe. Hätte ich vorher gewusst, welche Brüche im Leben auf mich zukommen würden, wäre ich ihnen wohl ängstlich ausgewichen. Vielleicht geht es aber genau darum: Veränderung bedeutet stets Abschiednehmen – von Menschen, die uns enttäuschen, den Erwartungen anderer, manchmal auch von meinen eigenen Vorstellungen und Lebensplänen. Aber Ver-

* Wladimir Kaminer, Das Leben ist kein Joghurt, edition chrismon, Frankfurt 2010, S. 29.

änderung bedeutet immer auch Lebenstiefe, eine Erfahrung von Gottvertrauen und Freundschaft, ja, auch ein Erleben von Glück in aller Unsicherheit. In einem solchen Prozess lernen wir uns selbst besser kennen – und da geht es nicht jedes Mal um den „großen Wurf". Oft sind es kleine Schritte, die uns auf den für unser Leben angemessenen Weg führen und uns einem Leben in Fülle immer näher kommen lassen. Das wünsche ich jedem Menschen – und im Nachdenken darüber habe ich dieses Buch geschrieben.

Die Bilder von Eberhard Münch verleihen der Sehnsucht nach erfülltem Leben auf wunderbare Weise Ausdruck. Sie sprechen ihre ganz eigene Sprache, eine Sprache, die nicht einengt, sondern weitet, die keine Vorgaben macht, sondern Raum für Eigenes schafft. Und so wünsche ich mir, dass in diesem Band Bild und Wort in einen kreativen Dialog treten und Leserinnen wie Leser sich in ein Gespräch über die eigenen Sehnsüchte nach erfülltem Leben vertiefen können – mit sich selbst, mit anderen, mit Gott.

Sehnsucht nach

LEBEN

In ihrem Lied „The Ballad Of Lucy Jordan" singt Marianne Faithfull von einer Frau, die mit siebenunddreißig Jahren erkennt, dass ihr Leben in eine Sackgasse geraten ist. Sie hat alles, was gesellschaftlich erstrebenswert scheint: Haus, Ehemann, Kinder. Aber niemals wird sie in einem offenen Wagen durch Paris fahren und den warmen Wind in ihren Haaren spüren. Diese Paris-Fahrt steht für all die Wünsche, Sehnsüchte, Hoffnungen auf Leben, die sie früher hatte. Jetzt kann sie wählen, ob sie ihren Tag damit zubringt, dass sie das Haus aufräumt oder die Blumen neu arrangiert – „she could clean the house for hours or rearrange the flowers …". Stattdessen steigt sie auf das Dach und springt …

Mich berührt dieses Lied sehr, auch wenn es schlicht ein Popsong ist. Es steht für all die Sinnlosigkeit und Leere in so vielen Leben. Es verleiht dem Gefühl Ausdruck: *Ich kann meine Chancen nicht nutzen.* Oder: *Ich habe mich in eine ausweglose Situation begeben, alle meine Träume sind eigentlich ausgeträumt.* Oder: *Ich habe eine falsche Richtung eingeschlagen, mich in eine Sackgasse hineinmanövriert.* Das Leben erscheint im Rückblick oft wie ein Weg, auf dem wir immer wieder entscheiden mussten, welche Abzweigung wir nehmen. Manche Entscheidung wird sich im Nachhinein als richtig erweisen, manche aber auch als falsch. Es gibt Menschen, die das in innerem Frieden annehmen können; andere hadern damit.

Leben kann natürlich „sinn-voll" sein, wenn ich mich wie Lucy Jordan ganz der Kindererziehung widme, für meine Familie ein Heim schaffe. Für viele ist das ein erfülltes Leben und sie sind rundherum zufrieden. Andere gehen völlig auf in ihrem Beruf. Ein Amerikaner sagte mir, als ich ihn nach seinen Lebenszielen fragte, am Ende seiner Tage wolle er zurückblicken können und sagen: „Ich war ein guter Vater, Ehemann und Bürger dieses Landes." Dann wäre er zufrieden. Es ist wunderbar, so zu leben, im inneren Frieden mit sich. Und es ist gut, wenn Menschen in sich eine solche Balance finden.

Andere spüren in sich den Drang nach Veränderung. Einen bohrenden Stachel, ebendiese Sehnsucht nach Leben. Sie haben das Gefühl, dass sie in eine Sackgasse geraten sind und ihr Leben zur Routine wird. Die Arbeit wird zum bloßen Broterwerb, sie treten mechanisch Tag für Tag an, um Geld zu verdienen. Oder die dienstlichen Verpflichtungen fressen sie derart auf, dass sie davon schier besessen sind und keinen gesunden Rhythmus zwischen Schaffen und Ruhen mehr finden. Andere haben das Gefühl, tagein, tagaus nur für die Familie da zu sein, alles zu regeln, zu besorgen, am Laufen zu halten, aber sie selbst kommen gar nicht mehr vor. Da entsteht ein Gefühl, sich wie ein Hamster im Rad zu bewegen, aus dem es nicht gelingt auszusteigen. „Wo bleibe ich selbst in alledem?" ist die Frage, die Menschen dann oft nicht mehr loslässt.

Ist die Suche nach erfülltem Leben vielleicht ein Wohlstandsproblem? In ihrem mit dem Nobelpreis ausgezeichneten Roman „Atemschaukel"* lässt Herta Müller ihren Protagonisten, der als 17-Jähriger von den Sowjets nach Sibirien verschleppt wurde, über Hunger nachdenken: „Was kann man sagen über den chronischen Hunger? Kann man sagen, es gibt einen Hunger, der dich krankhungrig macht? Der immer noch hungriger dazukommt, zu dem Hunger, den man schon hat. Der immer neue Hunger, der unersättlich wächst und in den ewig alten, mühsam gezähmten Hunger hineinspringt. Wie läuft man auf der Welt herum, wenn man nichts mehr über sich zu sagen weiß, als dass man Hunger hat? Wenn man an nichts anderes denken kann. Der Gaumen ist größer als der Kopf, eine Kuppel, hoch und hellhörig bis hinauf in den Schädel. Wenn man den Hunger nicht mehr aushält, zieht es im Gaumen, als wäre eine frische Hasenhaut zum Trocknen hinters Gesicht gespannt. Die Wangen verdorren und bedecken sich mit blassem Flaum."**

---

* Herta Müller, Atemschaukel, München 2009.
** Ebd., S. 24 f.

Diese Beschreibung ist ungeheuer eindrücklich, finde ich. Wer so leidet, hat keinen Raum, keine Luft mehr für große Sehnsüchte. Er versucht nur noch, sich am Leben zu halten. Wer Kinder hat, einen anderen liebt, schafft es vielleicht noch, die geliebten Menschen mit zu retten. Aber am Ende liegt der Sinn allein in der Frage des Überlebens, Tag für Tag. Die Sehnsucht nach Leben ist erst einmal auf die Sehnsucht reduziert zu *über*leben. Es geht um die nackte Existenz. Und alles andere erscheint als Luxus.

Sehnsucht nach Leben im weiteren Sinn ist aber deshalb nicht abzuwerten. Es macht ja auch die Menschlichkeit des Menschen aus, dass er fragt, nachdenkt, grübelt. Gerade in den reichen Gesellschaften ist es wichtig, Raum für die Sinnfrage zu lassen. Sich nicht zu betäuben, ständig der Ablenkung hinzugeben, sondern diese Sehnsucht in uns zuzulassen, dass unser Leben Bedeutung hat, dass wir in der Welt etwas verändern können, unsere Gaben zur Geltung bringen, etwas beitragen dürfen zum größeren Ganzen.

Als ich einige Monate in einem Studentenwohnheim in den USA lebte, war ich manchmal berührt von den mürrischen Blicken der jungen Leute. Sie alle gingen auf eine teure Universität, hatten ein wirklich luxuriöses Studentenwohnheim, meist auch noch ein Auto. Ihre Situation und ihre Zukunftschancen waren also großartig. Und doch war da eine Unzufriedenheit, die nichts mit Leben in Fülle zu tun hatte, aber auch nicht auf das Nachdenken über einen Aufbruch schließen ließ. Leben in Fülle erlebten sie wohl nicht. Viele fühlten sich, wie ein Jugendlicher sagte, in einem „race to nowhere", einem Rennen nirgendwohin: gute Noten, gute Schule, gute Universität, gute Arbeitsstelle – aber wo bleibt die Seele?

Ich habe den Eindruck, dass viele sich von dieser Frage einfach ablenken lassen, dass sie sich ihr entziehen oder ihr entfliehen. Wer viele Stunden am Tag vor dem Fernseher oder am Computer verbringt, findet schlicht keine Zeit, das eigene Leben zu hinterfragen: *Was will ich eigentlich anfangen mit der begrenzten Zeit, die mir zur Verfügung steht?* Mag sie nun kürzer oder länger sein – begrenzt ist sie ja auf jeden Fall. Wer will am Ende des Lebens schon sagen: „Nun, die meiste Zeit habe ich vor dem Fernseher verbracht."? Ich weiß, das klingt etwas zynisch. Aber manchmal finde ich es bedrückend, dass Menschen sich nicht fragen, wie sie ihr Leben denn verbringen wollen. Oder dass sie in virtuelle Welten flüchten, in denen sie anders sein können.

Ein sehr gutes Beispiel dafür ist die virtuelle Welt von „Second Life" (SL), „Zweites Leben". Fünfzehn Millionen Menschen sind hier angemeldet und agieren durch Avatare – Stellvertreter –, die so aussehen und handeln, wie sie es sich wünschen. Rund sechzigtausend Menschen sind rund um die Uhr eingeloggt. In einem Trailer auf der Website heißt es, SL sei ein Ort, sich zu treffen, zum Einkaufen, zum Arbeiten, um sich zu verlieben und zum Erkunden: „Ein Ort für Sie. Seien Sie anders. Befreien Sie sich selbst. Befreien Sie Ihre Fantasie. Ändern Sie Ihre Meinung. Ändern Sie Ihr Aussehen. Lieben Sie Ihr Aussehen. Lieben Sie Ihr Leben."

Hier kommt die Sehnsucht nach einem anderen Leben, nach einem anderen Ich ganz deutlich zum Ausdruck, hier leben Menschen Sehnsucht aus: So würde ich gerne sein. Doch sie verbleibt in einer virtuellen Welt, denn sobald du den Computer ausschaltest, findest du dich in deinem alten Leben wieder – einem Leben, in dem du dich vielleicht noch weniger lieben kannst, weil du eben nicht so aussiehst, wie du es dir erträumst. Manche sind dann noch einsamer als vorher.

Ich denke, die entscheidende Frage ist, wie wir lernen können, einerseits mit unserem Leben zufrieden zu sein, andererseits aber auch der notwendigen Sehnsucht nachzugeben, uns immer wieder neu zu finden und zu verändern. Die Bibel sieht den Glauben an Gott als entscheidend dafür an. In Psalm 16 heißt es: „Du tust mir kund den Weg zum Leben: Vor dir ist Freude die Fülle und Wonne zu deiner Rechten ewiglich" (Vers 11). Leben in seiner ganzen Fülle kann sich mir also eröffnen, wenn ich mein Leben im Licht Gottes betrachte. Ich bin eines von Gottes Geschöpfen; das ist, was meinem Leben Sinn gibt. Und ich bin auf diese Weise auch Teil einer realen Familie der Kinder Gottes durch die Zeiten und in unserer Zeit.

Und wie kann das für mich persönlich aussehen? Ich denke, es ist oft erst einmal wichtig, wertzuschätzen, was ich habe, und mich mit meinem eigenen Leben samt allen Grenzen auszusöhnen. Wem das gelingt, der strahlt Ruhe und Kraft aus, weil er zum eigenen Leben stehen kann. Ein solcher Mensch ruht in sich selbst und kann eines Tages sagen: Es war gut so.

Aber eine gute Balance beinhaltet nicht nur die Zufriedenheit mit dem, was ist, sondern auch die andere Seite, die Frage: „Müsste ich nicht etwas ändern? Oder lasse ich einfach alles, wie es ist?"

Eine junge Frau fragte mich einmal: „Soll ich denn mit meinem Freund zusammenbleiben, obwohl ich ihn gar nicht liebe und nur weil ich Angst vor der Veränderung habe?" Nein, natürlich nicht! Das Wagnis der Veränderung gehört ebenso zum Leben wie Verantwortung. Und Gott mutet uns Aufbrüche zu! Ich habe das selbst manchmal als schmerzhaft empfunden, und ich weiß, dass solche Aufbrüche Trauer und Zukunftsangst mit sich bringen. Aber manches Mal sind sie nötig, damit wir unsere Ziele nicht aus dem Blick verlieren. Dass Gott uns Umbrüche und Aufbrüche zumutet, aber uns auch hilft, solche Wege zu gehen, davon weiß die Bibel so manche Geschichte zu erzählen.

Nun kann diese Sehnsucht nach Leben auch zerstörerisch wirken. Wenn ich ständig meine, ein anderes Leben sei besser als meines, wird sich Unzufriedenheit breitmachen, die Beziehungen verletzt. Dann ist die jüngere Frau Garantin für ein vermeintlich besseres Leben, oder der andere Arbeitsplatz, die neuen

Freunde – und im Gegenzug werden die jetzige Frau, die aktuellen Kollegen, die langjährigen Freunde nicht wertgeschätzt.

Das meine ich mit „Balance": Es gilt, sich einerseits Veränderungen nicht zu verschließen, aber auch dankbar zu sein für das, was möglich ist. Und genau so kann ein zufriedenes, gelingendes Leben aussehen – wie bei dem Mann, der sagt, am Ende seines Lebens wolle er ein guter Ehemann, Vater und Bürger gewesen sein. Und das ist vor Gott ein gutes Leben in aller Fülle.

Ja, es ist ein Balanceakt, hier den richtigen Weg zu finden. Ich erinnere mich an einen Mann, der seine Familie verlassen hat, um mit einer anderen Frau ein neues Glück zu finden, und dann völlig unglücklich war, weil er seine alte Familie so sehr vermisste. Es gilt herauszufinden, wo die Gründe liegen, wenn ich unzufrieden bin, ob ich aufbrechen oder in das Vorhandene investieren sollte – flüchten oder standhalten, diese Frage kann niemals pauschal beantwortet werden. Aus meiner Erfahrung als Seelsorgerin kann ich nur raten: keine überstürzten Entscheidungen treffen und Kurzschlussreaktionen vermeiden. Es ist wichtig, in Ruhe die Situation anzuschauen: „Wie will ich leben? Wie will ich alt werden? Was ist mir mit Blick auf die Menschen, die ich liebe, wirklich wichtig an meiner Lebenssituation?" Veränderung kann sowohl ein falscher Weg als auch eine große Chance sein. Aber nur, wenn ich einen Weg bewusst gehe, werde ich dort auch Zufriedenheit, Glück und Lebensfülle finden. So manches Mal kann es helfen zu beten, um im Gespräch mit Gott eine Entscheidung zu treffen, die ich vor mir, denen, die ich liebe, und Gott verantworten kann.

Als ich eine junge Pfarrfrau und Mutter von drei Kleinkindern war, erreichte ich irgendwann einen Punkt, an dem ich das Gefühl hatte, in eine Sackgasse geraten zu sein. Ich hatte den Eindruck, dass ich nur noch um die Kinder, Essenspläne und Termine in der Kirchengemeinde rotierte. Ich liebte meine Kinder wirklich sehr, aber die Rolle engte mich ein. Ich wollte doch so gern noch so viel erleben und gestalten! Von außen aber fühlte ich mich ganz und gar auf die Mutterrolle festgelegt, fühlte mich enttäuscht und eingeschränkt. Das war der Zeitpunkt, an dem ich rebelliert und gekämpft habe, bis ich schließlich einen Ort fand, an dem ich mich engagieren konnte, ohne allein auf die Mutterrolle festgelegt zu sein. Und auf einmal erkannte ich: Ich war so gerne Mutter, dass ich mir auch noch ein viertes Kind wünschte. Ich hatte mich selbst und mein inneres Gleichgewicht wiedergefunden und konnte umso mehr geben.

Mir ist es wichtig, nicht in Zufriedenheit stecken zu bleiben, sondern immer neu zu fragen: „Was will ich mit dem Leben anfangen? Was treibt mich eigentlich an außer der Sorge für Nahrung und Obdach? Was kann und will ich ändern? Wo will ich einen Beitrag leisten in dieser Welt? Indem ich mich für andere engagiere. Indem ich für meinen Glauben eintrete. Indem ich mich in meine Kirchengemeinde einbringe. Woran hängt mein Herz?" Wer sich diese Frage stellt, sagt Luther, weiß, wer sein Gott ist.

Im Johannesevangelium gibt es eine eindrückliche Geschichte, in der Jesus an einem Brunnen eine Frau aus Samarien trifft. Diese Frau ist in mehrfacher Hinsicht von einem Leben in Fülle ausgeschlossen: Sie ist Ausländerin, sie lebt unverheiratet mit einem Mann zusammen, und er ist nicht der erste, mit dem sie das tut. Und sie ist eine Frau. Daher sind die Jünger empört, dass Jesus überhaupt mit ihr redet. Das Gespräch der beiden ist auch nach all den Jahrhunderten noch faszinierend, weil Jesus sie ernst nimmt. Er versteht, dass sie Sehnsucht nach Leben empfindet. Nach einem anderen Leben vielleicht, aber zumindest nach Sinn in ihrem Leben, das so viele Beschwernisse und Lasten kennt. Sie versucht zu verstehen, was er meint, wenn er davon spricht, dass er ihr lebendiges Wasser anbietet, das nicht aus Brunnen geschöpft werden kann. So kommt es zu dem folgenden Dialog: „Jesus antwortete und sprach zu ihr: Wenn du erkenntest die Gabe Gottes und wer der ist, der zu dir sagt: Gib mir zu trinken!, du bätest ihn und er gäbe dir lebendiges Wasser. Spricht zu ihm die Frau: Herr, hast du doch nichts, womit du schöpfen könntest, und der Brunnen ist tief; woher hast du dann lebendiges Wasser?" (Johannes 4,10 f.). Das ist mehr als ein Gespräch – es ist ein Ringen um Verständnis. Faszinierend ist, dass Jesus die Frau nicht zurückweist, weil sie nicht klug genug wäre oder ein Leben führt, das den Normen der Gesellschaft jener Zeit widerspricht. Damit zollt er ihr Anerkennung, das ist sie nicht gewohnt. Bei ihm muss sie sich nicht für ihr vermeintlich so falsches Leben rechtfertigen. Stattdessen eröffnet er ihr auf diese Weise einen Weg, wie sie über ihr Leben, ihre Hoffnungen und Träume reflektieren kann. Die Glaubensfrage erweitert den Horizont und macht es möglich, das Leben in einem neuen Licht zu sehen. Am Ende sagt Jesus: „Wer aber von dem Wasser trinken wird, das ich ihm gebe, den wird in Ewigkeit nicht dürsten, sondern das Wasser, das ich ihm geben werde, das wird in ihm eine Quelle des Wassers werden, das in das ewige Leben quillt" (Johannes 4,14).

Die Frau begreift, dass Jesus ihr gerade einen ganz anderen Blick auf ihr Leben ermöglicht hat. Sie läuft in ihren Ort und überzeugt andere, zu kommen und ihn kennenzulernen. So will sie teilen, was sie so berührt, was sie erfahren und erlebt hat. Wer erkennt, dass Glaube Lebensfülle eröffnet, will andere daran teilhaben lassen, damit sie eine Chance haben, diese ebenfalls kennenzulernen. Wenn ich das eigene Leben aus dem Blickwinkel Gottes sehe, ist das keine Flucht in eine andere Welt. Es eröffnet mir einerseits die Standfestigkeit und das Vertrauen, Sinn in meinem Leben zu finden, so wie es ist, mit allen Grenzen und vielleicht auch falschen Abzweigungen. Aber es eröffnet mir andererseits auch die Freiheit, mich nicht einfach mit dem Gegebenen abzufinden, Veränderung zu sehen und in Gottes Welt Verantwortung zu übernehmen.

Aus diesem Grund dürfen wir unserer Sehnsucht nach erfülltem Leben Raum geben. Wenn Aufbruchstimmung in uns aufkommt, müssen wir sie nicht zwanghaft unterdrücken. Vielleicht empfinden die Menschen, die wir lieben, ja das Gleiche! Darum dürfen wir hinfühlen, zulassen, herausfinden, welche Bedürfnisse sich hinter unserer Sehnsucht verbergen. Und dann können wir in Verantwortung vor uns selbst, vor den Menschen in unserem Umfeld und vor Gott wagen, Schritte in eine neue Richtung zu gehen. „Du stellst unsere Füße auf weiten Raum", heißt es in Psalm 31. Und diesen Raum dürfen wir beschreiten.

Sehnsucht nach

STILLE

Wir sind zwölf berufstätige Frauen, die sich zweimal im Jahr treffen. Dieses Mal in einem Kloster. Die Äbtissin geht mit uns in den Nonnenchor und führt uns langsam und ruhig hinein in eine Zeit der Stille. Einige sind unruhig, müssen erst ihren Sitz finden; erst nach und nach wird es wirklich still. Ganz still. Jede ist für sich und doch sind wir zusammen. Das Kloster hat eine besondere Ausstrahlung. Die Wände hallen wider von Gebeten. Und von der Anwesenheit von Menschen, die vor uns hier in der Stille waren, meditierten, innerlich mit ihren Lebensfragen gerungen haben.

Eine sagt hinterher: „Ich habe schon lange nicht mehr solche Stille erlebt. Es war ein ganz merkwürdiges Gefühl." Ja, es kostet fast Kraft, aus einer lauten Welt herausgerissen zu werden und sich in die Stille hineinzufinden. Das Bild von Eberhard Münch zeigt das auf eindrückliche Weise. Dieser Wirbel, der den Rahmen sprengt. All die Unruhe und Unübersichtlichkeit. Die Vielfalt von Farben und Formen. Und in der Mitte eine weiße Ruhe. Ein Gefühl von Erholung, von Aufatmen.

Wir leben in einer Welt der Geräusche. Alltagsgeräusche wie dem Fernseher, dem Kühlschrank, der Mikrowelle. Außengeräusche wie Autos, Flugzeuge, Hupen. Menschliche Geräusche: Reden, Rufen, Telefonieren. Unendlich viele Stimmen, Töne, die uns beschallen. Und wie oft seufzen wir: „Ich sehne mich nach Stille!" Als berufstätige Mutter hatte ich diese Sehnsucht oft. Einfach einmal allein sein, keine Anforderungen, keine Fragen, keine To-do-Liste, die endlos scheint, keine Telefonate, keine E-Mails, keine Einkäufe, keine Sitzungstermine, keine Autofahrten, keine Vortragsverpflichtung, kein Elternabend in der Schule, kein Arztbesuch mit den Kindern. Nein, Stille. Aufatmen. Luft holen. Nicht einmal etwas fragen wollen, denken wollen, geschweige denn sagen wollen. Schlicht Sehnsucht nach Stille.

So geht es vielen, die vielbeschäftigt sind. Natürlich gibt es auch Menschen, die dankbar sind, wenn sie etwas hören. Sie sind einsam, niemand kommt vorbei, und sie sind froh über jeden Schritt, der sich nähert. Wir dürfen Stille nicht einfach so idealisieren, das ist mir bewusst. Stille kann auch bedrohlich sein, beängstigend, entsetzlich. Die Stille der Einsamkeit, der Verzweiflung, der Depression, der Isolation, des Verrats. Auch die Stille des Todes, wenn wir wissen, wir werden die Stimme eines Menschen, den wir lieben, nie wieder hören. Diese Stille ist angefüllt mit Trauer, weil wir durch nichts das Schweigen überbrücken können, wenn ein Mensch für immer schweigt.

Es gibt Menschen, die von Haftbedingungen berichten, bei denen Stille ein Teil der Folter war. Die sich unendlich gesehnt haben nach dem Klang einer menschlichen Stimme, nach dem Zwitschern eines Vogels, nach einem Geräusch. Solche Stille isoliert, sie ist grausam. Und Stille kann auch Angst machen, sie kann uns zurückwerfen auf uns selbst, uns konfrontieren mit den Stimmen in uns.

Wie kann es sein, dass die einen Sehnsucht nach Stille empfinden und die anderen sie scheuen? In dem französischen Bestseller „Die Eleganz des Igels" von Muriel Barbery* beschreibt die zwölfjährige Paloma einen entscheidenden Unterschied zu ihrer Schwester Colombe: „Sie wäre selbst nie auf den Gedanken gekommen, dass jemand Stille brauchen könnte. Dass die Stille dazu dient, ins Innere zu gehen, dass sie notwendig ist für jene, die nicht nur am Leben draußen interessiert sind, kann sie vermutlich nicht verstehen, denn ihr Inneres ist genauso chaotisch und laut wie das Draußen der Straße. Jedenfalls hat sie verstanden, dass ich die Stille brauche, und unglücklicherweise liegt mein Zimmer direkt neben ihrem …"**

Ich finde diese Beschreibung spannend. So unterschiedlich sind die Bedürfnisse offenbar schon bei Jugendlichen. Die einen

---

* Muriel Barbery, Die Eleganz des Igels, München 2008.
** Ebd., S. 88.

freuen sich über den Rhythmus des Beats, den Rock, der sie mitreißt. Die anderen suchen Ruhe zur Selbstfindung. Die Stille hat in der Tat etwas mit mir selbst, meinem Inneren zu tun. Auch deshalb haben wohl manche Menschen eher Angst vor der Stille – sie bedeutet immer eine Konfrontation mit sich selbst. Oder auch Isolation.

Wer aber Stille bewusst sucht, hat ein Bedürfnis, Abstand zu gewinnen. Nachzudenken. Innezuhalten. Vielleicht sich selbst wiederzufinden in der Hektik des Alltags. Viele Menschen kommen in ihrem Leben an einen Punkt, an dem sie Stille geradezu ersehnen, weil sie zutiefst spüren: „Wenn du jetzt nicht in die Stille findest, dann verlierst du die Orientierung. Dann rast dein Leben weiter, und du kannst es gar nicht mehr lenken, weil du dich selbst verlierst. Du weißt nicht mehr, wer du bist, warum du tust, was du tust. Das Leben ist eine endlose Routine, eine Kette von Verpflichtungen geworden, Leere breitet sich aus."

In einer solchen Situation müssen wir zunächst äußere Stille finden. Schon das ist in unserer Welt ein schwieriges Unterfangen. Wo wollen wir in einer Stadt wie Bochum oder Berlin, München oder Hamburg Stille finden? Da ist in der Tat Weggehen angesagt – in einen Wald, fernab von Menschen, auf ein Feld, ans Meer. Eine Kirche kann ebenfalls eine solche Stille bieten. Sie ist ein besonderer Raum, geschaffen für Gespräche mit mir selbst und mit Gott. Ich finde es immer wieder faszinierend, wie ein solcher Raum Stille geradezu gebieten kann: Du betrittst eine erhabene Kirche und wirst unaufgefordert still. Selbst Touristen scheinen so manches Mal zu spüren: Es tut der Seele gut, den Alltag auf diese Weise zu unterbrechen.

Als ich nach fünfundzwanzig Berufsjahren und parallelem Einsatz für vier Töchter plötzlich aus meinem gewohnten Leben herauskatapultiert wurde, habe ich einige Zeit gebraucht, um die Stille nicht nur als im Tagesplan verordnet anzusehen. Stille wurde zu einer ganz eigenen Zeit. Sie war auf einmal eine kostbare Unterbrechung des Alltags. Nein, es ging nicht um Regeneration, Konzentration oder religiöse Orientierung. Es war schlicht gut, dass es still war. Einfach nur Stille wahrnehmen können und nichts erledigen müssen. Einen Baum betrachten, ohne das in einer Predigt zu verwerten. Den Himmel anschauen und nicht an einen Vortrag denken. Keine Stille, die schon wieder unter dem Druck stand, eine besondere Zeit sein zu müssen. Stille in mir finden. Zur Ruhe kommen. Ich denke, ich hatte schon lange Sehnsucht danach, ohne dass ich das hätte in Worte fassen können.

Für manche Menschen ist es wichtig, für solche Erfahrungen einen besonderen Platz zu finden. Das Kloster ist in der Tat auch heute ein sensibler Ort, der sich über Jahrhunderte hinweg für das Erleben von Stille anbietet. Da kann ich hinter Klostermauern etwas finden, das die Welt mir so nicht bietet: Konzentration auf mich selbst. Eintauchen in die Gebetserfahrung der Jahrhunderte. Erspüren, dass dieser Ort für die Stille und innere Einkehr gebaut wurde. Ein Kloster wurde gegründet, um Menschen Rückzugserfahrungen zu ermöglichen, damit sie sich selbst loslassen können und Gott die Ehre geben. Martin Luther hat aber auch sehr deutlich gesagt, dass das Kloster nicht ein Ort für ein besseres Leben ist. Vor Gott ist auch das Leben im Alltag all der Geräusche ein Leben in Würde, mit Sinn. Keines der beiden Lebenskonzepte ist besser als das andere, da gibt es für Luther keine Wertigkeit. Aber die Klostererfahrung kann dennoch überraschen, weil sie mich aus dem Alltag herausreißt und für eine Begegnung mit mir selbst und mit Gott öffnet.

Wenn ich all die Geräusche meines alltäglichen Lebens – den Lärm von Verkehr, Fernsehen, Computer, Mitbewohner, Musik – zurückgelassen habe, finde ich aber noch lange keine Stille. Weil erst dann in mir laut wird, was ich zumeist unterdrücke: die Gedanken, die Töne, die Worte, die im Alltag ungesagt bleiben. Wenn es um mich herum still wird, kann es in mir drunter und drüber gehen. Dann höre ich nicht mehr vertraute Stimmen, die meiner Lieben, die meiner Kollegen, auch nicht die meiner Neider oder Feinde. Es werden womöglich Stimmen laut, die ich gar nicht hören will. Mahnende Stimmen, die mir sagen, dass ich etwas ändern muss. Die Stimme der Vernunft, die mich zurechtweist und zur Verantwortung ruft. Stimmen aus der Vergangenheit, die über Fehler und Schmerz klagen. Die Stimme der Liebe, die ich verdränge. Oder die Stimme der Angst, die an mir nagt. Diese Stimme, die sagt: *Du hast versagt, schau deinen Fehlern ins Gesicht!* Letzten Endes braucht es Mut, Stille zu wagen, in das eigene Ich einzutauchen und all die Stimmen in meinem Inneren zuzulassen. Wer die inneren Stimmen hören will, muss zunächst die äußeren zurückstellen. Und nur wer die inneren Stimmen hört, kann auch innere Stille finden. Das ist nichts, das wir wie einen Fernseher ein- und ausschalten können. Es ist ein Prozess, ein Weg, auf den wir uns einlassen.

Ich bin überzeugt, wir brauchen Stille auch, um Gott zu finden. Mitten im Getöse des Alltags kann ich mich nicht mit den großen Fragen des Lebens befassen: Woher komme ich? Wohin gehe ich? Wie bekommt mein Leben Sinn? In der Stille finde ich Raum, um mich solchen Fragen zu stellen, mein Leben zu sortieren, zu fragen, was wichtig ist und was irrelevant. Wenn ich auf Abstand gehe zum Weltgeschehen, zu den Anfordernissen meines Alltags, dann ordnet sich so manches neu. Denn wenn ich mich nach Stille sehne, zeigt das ja auch, dass der Alltag mich überfordert, dass ich mein inneres Gleichgewicht verliere, die Mitte nicht mehr finde und den roten Faden meines Lebens zu verlieren drohe.

In der Bibel sind Zeiten der Stille immer auch Zeiten der Entscheidung und der Gotteserfahrung. Ich denke an Jesus, der vierzig Tage in die Wüste geht und mit seinen schlimmsten Ängsten und vielleicht auch Wünschen konfrontiert wird. Als „Teufel" werden diese Versuchungen beschrieben, Möglichkeiten, die in ihm gären: die Welt beherrschen, mächtig sein, alles besitzen. Wer von uns hätte nicht schon solche Stimmen in sich gehört: „Du kannst alles. Du lässt ‚gut‘ und ‚böse‘ hinter dir und siehst ab jetzt nur noch deinen Vorteil!“ Ja, auch solche Versuchungen können laut werden, wenn es still wird. Wer dann aber die Konfrontation wagt und sich für einen geraden, klaren Weg entscheidet, wird ihn mit großer Kraft gehen können. So wie Jesus, der seiner Berufung nach der Zeit in der Wüste nicht mehr ausweicht. Der in der Wüste die Stille sucht, bevor er seinen Weg kennt und predigend durchs Land zieht. Nach dieser Zeit ist er sich klar darüber, was sein Weg ist. Und er hat die Kraft dafür gefunden. Und diese Kraft trägt ihn, auch als er wahrnimmt, dass es ein Weg in den Tod ist.

Ähnlich wird es später im Garten Gethsemane sein. Dort ist Jesus von einer traurigen Stille der Einsamkeit umgeben. Seine Freunde nehmen an seiner Situation nicht so Anteil, wie sie vorgeben und wie sie es wohl auch wollen. Stille nämlich ist aufmerksam, sensibel. Sie aber schlafen ein. So ist Jesus einsam und allein mit den Fragen, den Gedanken, die ihn umtreiben. Eine solche Stille ist schwer zu ertragen, denn sie trägt die Spur der Enttäuschung in sich: „Ich bin allein. Letzten Endes muss ich ohne andere meinen Weg finden.“ Und Jesus geht ihn bis ans Kreuz …

Nun kann sich nicht jeder Mensch für längere Zeit ins Kloster oder ans Meer oder in die Wüste zurückziehen. Wer keine solche Möglichkeit hat, kann Stille durchaus als Unterbrechung des Alltags gestalten. Sehr eindrücklich und anrührend habe ich das einmal in Rio de Janeiro in Form einer öffentlichen Schweigeminute wahrgenommen. Diese tosende, brodelnde, lärmende Stadt hielt nach der Ermordung mehrerer Kinder als Protest gegen die Gewalt drei Minuten still. Der Straßenverkehr, die Passanten, die Börse – alles stand still. Eine geradezu ergreifende Erfahrung! Und offenbar ansteckend, denn niemand wollte die Stille brechen. Drei Minuten können da sehr lang sein. Und dann ging es langsam wieder in den Alltag über. Aber er war verändert, weil die gemeinsame Erfahrung der Stille so überwältigend gewesen war.

Im Kleinen können wir das auch in den Alltag integrieren. Früher hielten alle kurz inne, wenn die Turmuhr im Dorf zwölf schlug. Es war Zeit, sich an Gottes Existenz zu erinnern, Zeit für ein Gebet. Heute wird ein solcher Rhythmus wiederentdeckt. Wenn beispielsweise im Kirchenamt der Evangelischen Kirche in Deutschland in Hannover um zwölf Uhr eine Glocke schlägt, werden alle Sitzungen für eine kurze Zeit der Stille und ein Gebet unterbrochen. Ähnliches können wir zu Hause, am Arbeitsplatz, in der Universität, im Krankenhaus auch tun: kurz innehalten für eine stille Minute, ein Gebet. So richten wir unser Leben regelmäßig neu aus auf Gott, dem wir unser Leben verdanken. Solche Unterbrechungen können heilsam sein. Die Erfahrung zeigt, dass Menschen aus einem Erleben von Stille gestärkt für ihr Leben hervorgehen.

Stille sollte aber nicht zur Weltflucht werden, zum Zwang, zur Lebensnorm. Mich bedrückt, wenn Menschen ein Leben lang schweigen sollen und es heißt, dies sei eine gottesfürchtige Haltung. Sicher, Schweigegelübde sind Teil mancher klösterlicher Tradition. Aber mir ist wichtig, dass Stille etwas Befreiendes mit sich bringt und nicht bedrückend wirkt. Wie viel Stille wurde erzwungen in Klöstern und Kinderheimen, Gefangenenlagern und Familien, manches Mal unter Drohungen! Der preisgekrönte Kinofilm „Das weiße Band" hat das auf bedrückende Weise dargestellt. Schweigen wurde als Teil eines repressiven Erziehungssystems erzwungen. Ja, Stille kann guttun. Aber Gott hat uns doch auch die Töne geschenkt, die Musik, das Singen, die Sprache, das Zwitschern der Vögel, das Bellen des Hundes, die Geräusche der Mitmenschen! Wie gesagt, Martin Luther war überzeugt, dass das Kloster nicht automatisch ein gottgefälligerer Ort sei als das Familienleben. Ebenso ist die Zurückgezogenheit in die Stille gewiss nicht gottgefälliger als der Alltag der Welt.

Stille darf nicht zur Sucht werden, sonst entziehen wir uns dem Leben. Aber Stille kann die Quelle sein, die uns die nötige Kraft schenkt, um dem Lärm des Lebens zu begegnen und die Herausforderungen des wuseligen Eigensinns der Realität anzunehmen. Stille finden bedeutet, auf beste Weise „leer" werden. Aus all dem Wirbel in diese weiße Mitte vordringen, Ruhe finden. Stille finden heißt auch, offen werden für Neues. Neue Wege finden. Sicherer werden.

Wer die Sehnsucht nach Stille in sich spürt, ist auf der Suche nach Lebenssinn, nach Gott, nach Orientierung. Die Seele meldet sich und wir sollten sie hören. Denn Stille tut gut, Stille stärkt. Stille bringt mich zurück auf die Spur des Lebens. Geben wir also dieser Sehnsucht Raum, wenn wir sie spüren.

Sehnsucht nach

HEIMAT

Was eigentlich ist Heimat? Der Ort, an dem ich geboren bin? Der Ort, an dem ich derzeit lebe? Das Land, in dem ich aufwachse? Meine Kultur? Viele Menschen auf dieser Welt haben zunehmend Probleme damit, „Heimat" für sich zu definieren. Da sind die „Jetsetter", die von ihrem Arbeitgeber von Ort zu Ort und Land zu Land versetzt werden. Am Anfang klingt das toll: Abu Dhabi, New York, Rio de Janeiro und Durban. Aber irgendwann wächst in ihnen eine Unruhe, eine Sehnsucht danach, irgendwohin zu gehören.

Ich denke aber auch an die Flüchtlinge dieser Welt. So unendlich viele gibt es, die ihre Heimat verlassen müssen, weil sie aufgrund von Gewalt, Hunger oder Umweltzerstörung keinen lebensfähigen Raum mehr haben.

Es ist gut zu fragen, wo ich verwurzelt bin. In jedem Menschen steckt diese Sehnsucht nach Beheimatung. Meist spüren wir, wie wichtig es ist, eine solche Verwurzelung zu haben. Zum einen tief in mir zu wissen, wer ich bin, was mich antreibt im Leben und wo ich Halt finde. Zum anderen geht es darum, mich mit anderen zu „beheimaten", das heißt, ich brauche Menschen um mich, die mich vorbehaltlos lieben. Menschen, von denen ich mich angenommen weiß und die mir in den Stürmen des Lebens eine Heimat bieten, eine offene Tür im realen oder im übertragenen Sinne.

Ernst Bloch schrieb zwischen 1938 und 1947 im Exil das Buch „Prinzip Hoffnung", das ich 1977 während meines ersten Studiensemesters regelrecht verschlang. Darin skizziert Bloch eine konkrete Utopie von kleinen Tagträumen über Wunschbilder bis hin zu den Grundrissen einer besseren Welt. Und ganz am Ende steht dieser Satz über die Heimat: „Die Wurzel der Geschichte aber ist der arbeitende, schaffende, die Gegebenheiten umbildende und überholende Mensch. Hat er sich erfasst und das Seine ohne Entäußerung und Entfremdung in realer Demokratie begründet, so entsteht in der Welt etwas, das allen in die Kindheit scheint und worin noch niemand war: Heimat."*

Das klingt etwas kompliziert, ich weiß. Aber ich finde, es umschreibt die Sehnsucht nach Heimat treffend. Allen „scheint" sie in die Kindheit, alle begleitet sie, und doch ist Heimat wahrscheinlich ein Ort, den wir nie im tiefsten Sinne erreichen werden; sie ist eine Utopie. Mich hat das damals so berührt, weil Heimat ein Thema meiner Kindheit war. Meine Großmutter stammte ursprünglich aus einem Forsthaus in Schlesien und hatte einen Gutsverwalter in Lazig bei Köslin (Hinterpommern) geheiratet, wo auch meine Mutter geboren wurde. Lazig und Köslin, das war für sie daher Heimat. Meine Mutter war dort getauft worden und zur Schule gegangen. Die Großeltern verpassten am 2. März 1945 den letzten Zug nach Westen, weil meine Tante mit dem dritten Kind in die Wehen kam. So mussten sie bleiben, als die Sowjetarmee anrückte; mein Großvater wurde nach Sibirien verschleppt und verstarb auf dem Transport. Großmutter, Tante und drei Kleinkinder verbrachten mit anderen Frauen ein entsetzliches Jahr, bevor sie sich 1946 auf den Weg nach Westen machen konnten. Diese Orte, von denen sie mir später erzählten, klangen für mich manchmal mehr nach Heimat als Stadtallendorf. Das war eine Kleinstadt in der Nähe von Marburg, ein ehemaliges Munitionsdepot, in dem Flüchtlinge aus Ostpreußen, Pommern und Schlesien angesiedelt wurden. Später kamen auch Italiener, Jugoslawen, Griechen und Türken. Ein bunt zusammengewürfeltes Gefüge ohne rechten Mittelpunkt.

Dabei war niemand in meiner Familie je in einer Weise revanchistisch, wie es Heimatvertriebenen oft unterstellt wird. Sie alle haben letzten Endes den Verlust der Heimat als Preis für die Verbrechen der Nazidiktatur gesehen. Zu ihrem fünfundsiebzigsten Geburtstag habe ich meine Mutter schließlich 1997 eingeladen,

* Ernst Bloch, Prinzip Hoffnung, S. 1628.

mit mir nach Pommern zu fahren. Offen gestanden war ich erstaunt, wie nah das war! Sie war seit 1945 nicht dort gewesen, aber wir fanden alles wieder: das Wohnhaus, das Gutshaus, die Wälder. Am meisten rührte sie irgendwie, dass die Bäume noch da waren; sie hatten all das Grauen überlebt und wirkten vertraut wie in ihrer Kindheit. Die Polen, die nun im Haus meiner Großeltern wohnten, haben uns sehr, sehr freundlich eingeladen hereinzukommen. Und meine Mutter entdeckte, dass der Kachelofen, an dem sie als Kind gesessen hatte, noch genau so dort stand wie damals. Als wir zurückfuhren, sagte sie: „Das war schön, aber Heimat ist jetzt woanders."

Mich hat das an Klaus von Bismarck erinnert, den ich als Generalsekretärin des Kirchentages noch kennenlernen durfte. Auf dem Deutschen Evangelischen Kirchentag in Leipzig sagte er 1954 in einer bewegenden Rede: „Mein Herz sucht in diesem Augenblick die Wiesen, die Felder und die Bäume in meiner jetzt polnisch verwalteten Heimat in Pommern … Es ist meine persönliche Meinung – die einige von Ihnen vielleicht nicht übernehmen können –, dass wir vor Gott kein Recht darauf haben, das wiederzuerhalten, was er uns genommen hat." Ich habe diese Rede auf einem Tonbandmitschnitt gehört und sie hat mich zu Tränen gerührt. Hier sprach jemand, der seine Heimat, die Heimat seiner Familie verloren hatte, und doch konnte er sagen: „Es ist jetzt die Heimat anderer Menschen." Das ist Größe! Damals gab es einen Skandal, öffentliche Kritik, Auseinandersetzungen – einer seiner Brüder war sogar noch in Kriegsgefangenschaft. Als wir ihn 1998 in Hamburg beerdigten, war neben seinen Brüdern auch der polnische Priester aus seinem Heimatort anwesend und warf pommersche Erde in sein Grab. Ein bewegendes Zeichen von Versöhnung.

So kann Heimat viel Vertrautes in uns wachrufen. Erinnerungen an die Kindheit. An Orte, an Menschen, sogar an Bäume, die uns geprägt haben. Ja, ich weiß. Es gibt auch furchtbare

Kindheitserfahrungen und albtraumartige Heimaterinnerungen. Sie entfremden uns von Erfahrungen, die uns prägen. Wir versuchen, sie zu vergessen, zu verdrängen. Da gibt es kein Heimatidyll, das prächtig leuchtet, sondern nur graue Schatten. So hat die Schriftstellerin Herta Müller einmal auf die Frage, was ihr Heimat bedeute, gesagt: „Es gibt nichts Fremderes als eine Heimat, in der man sich seines Lebens nicht sicher sein kann."* Christopher Schmidt schreibt dazu: „Als sie 1987 mit ihrem damaligen Mann Richard Wagner nach Deutschland ausreist und in Berlin mit einem Laufzettel von Behörde zu Behörde geschickt wird, sagt ihr ein Beamter, sie wisse aber schon, dass man nur eine Heimat haben könne. Eine Heimat, antwortet Herta Müller, nein, eine Heimat brauche sie nicht. Was sie brauchte, war ein Ort, an dem sie ohne Angst leben und schreiben konnte."**

Von vielen Flüchtlingen ist Ähnliches zu hören: Nur weg aus der Heimat, an einen Ort, an dem es sich sicher leben lässt. Heraus aus der Angst um mein Leben, um das meiner Kinder. Ein Transitvisum als letzte Chance. Die Hoffnung, irgendwo sicher leben zu können. Es gibt unendlich viele Geschichten von Menschen, die verzweifelt versuchen mit Booten, Europa zu erreichen. Nur weg aus Afrika, aus Elend und Perspektivlosigkeit.

Und doch gibt es neben dieser Sehnsucht nach einer neuen Heimat auch diese Sehnsucht zurück. Warum besuchen so viele Flüchtlinge noch nach so vielen Jahrzehnten das ehemalige Pommern, Schlesien, Ostpreußen, Danzig? Weil sie ihre Wurzeln suchen! Weil Menschen Zugehörigkeit brauchen. Vor einigen Jahren habe ich in Südafrika erlebt, wie eine schwarze Nordamerikanerin das Gefühl hatte, hier fände sie ihre Wurzeln, da sie sich als Afroamerikanerin sah. Die Afrikaner hingegen sahen sie schlicht als Amerikanerin. Sie suchte Heimat, doch an dem

---

* Christopher Schmidt, Mitteilungen über eine Schreibmaschinenbesitzerin, in: SZ Nr. 94, Samstag/Sonntag 24./25.4.2010, S. 18.
** Ebd.

Ort, der vor Generationen die Heimat ihrer Väter und Mütter gewesen war, war sie heute eine Fremde. Das war für sie eine ungemein schmerzhafte Erfahrung.

Ich selbst habe mich nie so sehr nach Heimat gesehnt. Das mag daran liegen, dass ich innerhalb Deutschlands viele Male umgezogen bin – als Studentin, als Vikarin, als Pfarrerin, mit und ohne Familie. Aber trotzdem habe ich zweimal, als ich das Angebot bekam, über einen längeren Zeitraum im Ausland zu arbeiten, gemerkt: Das wäre ein Schritt zu viel. Ich betrachte Deutschland, vielleicht auch Westeuropa, als meine Heimat. Hier bin ich verwurzelt. Hier weiß ich, wie Menschen „ticken". Ich liebe die unterschiedlichen Landschaften. Ich schätze die Kultur. Ich kenne die Geschichte mit all ihren Höhen und Tiefen. Vor allem aber leben hier die Menschen, die ich liebe – meine Töchter, meine erweiterte Familie, Freundinnen und Freunde.

Ich habe oft erlebt, dass bei Menschen, die gezwungenermaßen oder auch freiwillig ihre Heimat in diesem Sinne verlassen haben, die Sehnsucht stark wird, ja, schlimm, überwältigend. Da erschien das Auswandern zunächst als tolles Abenteuer der Freiheit, aber dann werden Wurzeln gesucht. Da erschien das Visum für das neue Land als großartige Chance, aber dann kommt sie doch, diese Sehnsucht nach „zu Hause". Dann ist Heimat eben auch das Wissen um Rituale, der zarte Sinn für Ironie und Humor, die in fremden Sprachen schwer verständlich sind. Da geht es um Gerüche, Speisen, Lieder und Tradition.

In besonderer Weise kann auch der Glaube eine Heimat sein. Als ich 1991 zu einer Konferenz nach Australien flog, war ich im dritten Monat schwanger, der Irakkrieg hatte begonnen, ich vermisste meine drei älteren Kinder und wusste nicht, was ich in Sydney sollte. Sonntags ging ich in einen lutherischen Gottesdienst – fühlte mich willkommen und fand Heimat: Du singst „Lobet den Herren" und fühlst dich zu Hause. Du hörst Psalm 23 und weißt, es klingt vertraut. Du betest das Vaterunser und bist Teil der Gemeinschaft. Du hörst Glocken läuten und weißt, wohin sie rufen. Jemand liest eine biblische Geschichte und du hast sie oft gehört. Beheimatet sind wir also auch bei Menschen, die denken, wie wir denken, die glauben, wie wir glauben, die Texte, Traditionen, Lieder und Gebete mit uns teilen. Da kann ich mich verwurzeln, mich einordnen in eine Reihe von Schwestern und Brüdern vor mir und nach mir, rund um den Globus und durch alle Zeiten. Wer im eigenen Glauben verwurzelt ist, wird auch an neuen Orten Heimat in der Glaubensgemeinschaft finden.

Heimat kann ein konkreter Ort sein. Eine Zuflucht, in der ich geschützt bin. Eine Wohnung, die ich so eingerichtet habe, wie es mir guttut. Mein eigenes Zimmer, in dem ich mich beheimate. Aber es gibt auch die Heimat in mir – gleichgültig, wo ich lebe –, die mir in gewissem Sinne auch Freiheit schenkt. Denn wer in sich selbst Heimat gefunden hat, ist nicht länger an die Erwartungen und Festlegungen anderer gebunden, sondern offen, auf Neues zuzugehen.

Ich denke, die Sehnsucht nach Heimat beinhaltet gerade in unserem Zeitalter der ständigen Mobilität im Grunde eine Hoffnung auf einen festen Platz im eigenen Leben. Irgendwo hingehören und nicht ständig so ruhelos und rastlos herumzuhecheln – das klingt nach Befreiung! Nicht immer die „Kirschen in Nachbars Garten" suchen, sondern zufrieden sein mit dem, was ich habe, da, wo ich bin. Früher haben dörfliche Strukturen beheimatet, die Ehe, die Familie, die Gemeinde, die Stadt. Heute kennen sich Menschen mancherorts auch in der Nachbarschaft nicht mehr. „Schlafstädte" entstehen, die Menschen nur noch „zwischendurch" aufsuchen. Sehnsucht nach Heimat kann auch einen Appell in uns selbst auslösen, weniger rastlos zu sein. Zu Hause anzukommen, die Nachbarn einzuladen, sich vor Ort zu engagieren, ja, sich zu „ver-orten" und dann zu sagen: „Hier gehöre ich hin." In diesem Sinne verstehe ich Heimat nicht als Enge, sondern als Zugehörigkeit in aller Freiheit. Und dazu gehört dann vielleicht auch manches Mal, dass diese Bindungen vor Ort wichtiger werden als eine mögliche Dienstreise nach Rio oder ein kurzfristiges Engagement in Neuseeland. Sich beheimaten – das ist ein besonderes Lebensgefühl, das die Seele stärkt.

Als ich für einige Monate ins Ausland ging, hat mich ein Gedicht von Hilde Domin begleitet:

Ziehende Landschaft
Man muß weggehen können
und doch sein wie ein Baum:
als bliebe die Wurzel im Boden,
als zöge die Landschaft und wir ständen fest.
Man muß den Atem anhalten,
bis der Wind nachläßt
und die fremde Luft um uns zu kreisen beginnt,
bis das Spiel von Licht und Schatten,
von Grün und Blau,
die alten Muster zeigt
und wir zuhause sind,
wo es auch sei,
und niedersitzen können und uns anlehnen,
als sei es an das Grab
unsrer Mutter.[*]

„… wo es auch sei …“: Vielleicht drückt das am schönsten die Erfahrungen aus, die auch Heimatvertriebene, Flüchtlinge, Auswanderer oder Ausgewiesene beschreiben: Heimat findest du, wenn du in dir selbst Wurzeln hast. Du musst wissen, wer du bist, wofür du stehst. Besiege deine Angst vor dem Weggehen,

---

[*] Hilde Domin: Ziehende Landschaften. Aus: dies., Gesammelte Gedichte. © S. Fischer Verlag GmbH, Frankfurt am Main 1987.

vor Veränderung. Habe den Mut, neue Wege zu beschreiten. Wenn du Heimat in dir selbst gefunden hast, findest du auch an neuen Orten, wo auch immer das sein mag, wie auch immer das aussehen mag, einen festen Halt. Du nimmst deine Werte mit, deinen Glauben, deine Überzeugungen, deine Lieben, auch wenn sie nicht körperlich bei dir sind. Und so kannst du dich anlehnen wie an das Grab deiner Mutter – was für ein wunderbarer Gedanke. Du kannst dich geliebt wissen, dich selbst lieben, annehmen, wo immer du bist, als Zuhause, weil du weißt, wo deine Heimat ist.

Sehnsucht nach

MUT

Im Rahmen einer Ausstellung in Atlanta, Georgia/USA, waren die Porträts von zwanzig Frauen schwarzer Hautfarbe zu sehen, die den Mut bewiesen haben, für Gerechtigkeit und Freiheit einzutreten. Es sind ganz normale Frauen wie du und ich; nichts hat sie vorab irgendwie prädestiniert, einen solchen Mut an den Tag zu legen. Eine davon ist Rosa Parks, die vielen sicher noch aus den Schulbüchern in Erinnerung ist. An einem Abend im Jahr 1955, als sie müde auf dem Weg nach Hause war, weigerte sie sich, im Bus für einen weißen Mann aufzustehen. Der Busfahrer ließ sie daraufhin von der Polizei verhaften. Dieser Vorfall wurde zum Ausgangspunkt einer riesigen Bewegung für die Gleichberechtigung von Menschen aller Hautfarben in den USA. Es folgte ein 381 Tage andauernder Boykott der öffentlichen Busse, bis schließlich 1956 die Rassentrennung in Bussen für illegal erklärt wurde.

Was schenkt Menschen in einer solchen Situation Mut? Oder wer?

Willy Brandt hatte den Mut, in Warschau im Gedenken an die Opfer des Ghettos niederzuknien – er wusste, wie viel Kritik ihm das einbringen würde. Da lässt ein deutscher Politiker sich nicht erpressen, als jemand ihm damit droht, dass eine Zeitung seine Homosexualität öffentlich machen könnte, sondern hat den Mut, offen vor die Kameras zu treten. Er ahnte, dass er Häme und Spott ernten könnte. Die Frau des Friedensnobelpreisträgers Liu Xiaobo, Liu Xia (50) steht in ihrer Pekinger Wohnung unter Hausarrest. Keiner außer ihren direkten Angehörigen kann sie besuchen. Aber sie hat den Mut, gemeinsam mit ihrem Mann Menschenrechtsverletzungen in China anzuprangern – und bezahlt dafür mit ihrer Freiheit. Ich habe ungeheuren Respekt vor solchen Menschen, ob sie nun im Licht der Öffentlichkeit stehen oder Mut im Alltag beweisen. Warum aber haben die einen Mut und die anderen nicht?

Christian Pfeiffer, der Leiter des Kriminologischen Instituts in Niedersachsen, hat in Studien gezeigt, dass Mut in der Erziehung verankert ist. Menschen, die gewaltfrei erzogen wurden, hatten etwa in der Nazidiktatur wesentlich mehr Zivilcourage, Juden zu verstecken, heimlich gegen das Regime zu opponieren, als Menschen, die in ihrer Kindheit Drill, Druck, Gewalt und eine Gehorsamsstruktur erlebt hatten. Christinnen und Christen in der DDR hatten den Mut, gegen alle Schikanen ihren Glauben zu leben und die Frage nach der Gerechtigkeit offen zu stellen, auch weil sie von einer anderen Freiheit wussten, von Gott, vor dem sie sich zu verantworten hatten.

Das hat mich beeindruckt, denn es zeigt, dass Mut im Kleinen wächst. Etwa, wenn ich es wage, bei der Schulelternversammlung eine Frage zu stellen, obwohl ich es nicht gewohnt bin, öffentlich zu reden. Oder der Mut, bei der Nachbarin nachzufragen, ob ich ihr helfen kann – ich höre ja, wie oft ihr Kind schreit –, obwohl ich damit eine Grenze überschreiten könnte. Es ist der Mut, im Supermarkt einzuschreiten, wenn ein Obdachloser vertrieben werden soll, weil er sich aufwärmen will. Es ist die Zivilcourage, bei „Ikea" an der Kasse mit zehn Euro auszuhelfen und andere zu bitten, das ebenfalls zu tun, weil die Frau mit den drei kleinen Kindern ihr Essen offenbar nicht bezahlen kann. Oder einzuschreiten, wenn im Bus Menschen wegen ihres anderen Aussehens angepöbelt werden.

Manchmal wünschen wir uns schlicht Mut fürs Leben. Wir hätten gern mehr Mut, uns einzumischen, würden gern mehr wagen, entschlossener unsere Meinung sagen. Wir sehnen uns nach dem Mut, gegen ungerechte Verhältnisse aufzubegehren. Mut auch dafür, unser Leben zu ändern, noch einmal neu aufzubrechen, selbst wenn wir wissen, wir werden uns verächtliche, ja, feindselige Reaktionen einhandeln. Es geht auch um Lebensmut, etwa wenn wir schon alt sind. Das finde ich in den USA übrigens immer wieder faszinierend: Dort gibt es Menschen, die wahrhaftig sehr alt sind, sich aber keineswegs wie graue Mäuse kleiden und zurückziehen, sondern offenbar lebensfroh und bunt gekleidet ihr Leben voll auskosten.

Nein, wir sind nicht immer alle so mutig wie Willy Brandt oder Liu Xia, auch wenn wir es gern wären. An der Supermarkt-kasse sind wir einfach nur müde. Und manchmal fehlt uns sogar der Mut für unser eigenes Leben. Wir sind müde und erschöpft von der Erziehung der Kinder, dem Beruf, der Sorge um die Eltern, vom Einkaufen, von den Erledigungen und all den anderen Anforderungen, die der Alltag an uns stellt.

Mut kann bedeuten, hier einen Kreislauf zu durchbrechen. Zu fragen: Was hält mich eigentlich zurück? Warum bin ich so ängstlich? Oder muss ich abwägen und überlegen, ob ein bestimmtes Verhalten vielleicht übermütig ist, mich und andere gefährdet? Ja, die Vernunft kann uns auch manchmal davor zurückhalten, allzu mutig zu sein, weil Übermut zerstörerisch wirken kann.

Aber auch das erleben wir: dass aller Mut in sich zusammenbricht. Wir finden nicht die Kraft zur Veränderung, lassen unser Leben lieber, wie es ist. Wir schauen weg, statt hinzuschauen. Wir wollen nicht gesehen werden, bloß keine Aufmerksamkeit erregen. Wir gehen einmal mehr den so viel bequemeren Weg der Anpassung.

Aber wir wären so gern ganz anders …

Auch ich war so manches Mal in meinem Leben alles andere als mutig. Ich hatte Angst, etwas zu sagen, weil ich wusste, wie die Reaktionen ausfallen würden. Das war besonders bei strittigen Themen so, etwa wenn es um Homosexualität, Abtreibung oder Frauenrechte ging. Ich war mir bewusst: „Wenn du das jetzt sagst, hagelt es massive Kritik." Dann wieder war ich selbst erstaunt darüber, dass andere mutig fanden, was in meinen Augen gar nicht so mutig gewesen war. „Nichts ist gut in Afghanistan" – viele fanden diesen Satz in einer Predigt plötzlich mutig, als er so heftig kritisiert wurde. Mutig war er aber gar nicht gemeint. Und dann gab es Augenblicke, in denen ich Mut als Geschenk Gottes betrachtet habe. Den Mut etwa, zur Wahl als Landesbischöfin anzutreten. Ich habe lange hin und her überlegt. Am Ende sagte eine amerikanische Freundin mir: „You can only stand for election if you can stand to lose it!" („Du kannst nur zu einer Wahl antreten, wenn du es erträgst, sie zu verlieren.") Das hat mir geholfen, denn ich erkannte: „Für dein Leben ist doch gar nichts verloren, wenn du verlierst."

In der Bibel finden wir beides, Mut und Mutlosigkeit. Ich denke an die Geschichte der beiden Hebammen Schifra und Pua: „Und der König von Ägypten sprach zu den hebräischen Hebammen, von denen die eine Schifra hieß und die andere Pua: Wenn ihr den hebräischen Frauen helft und bei der Geburt seht, dass es ein Sohn ist, so tötet ihn; ist's aber eine Tochter, so lasst sie leben. Aber die Hebammen fürchteten Gott und taten nicht, wie der König von Ägypten ihnen gesagt hatte, sondern ließen die Kinder leben. Da rief der König von Ägypten die Hebammen und sprach zu ihnen: Warum tut ihr das, dass ihr die Kinder leben lasst? Die Hebammen antworteten dem Pharao: Die hebräischen Frauen sind nicht wie die ägyptischen, denn sie sind kräftige Frauen. Ehe die Hebamme zu ihnen kommt, haben sie geboren. Darum tat Gott den Hebammen Gutes. Und das Volk mehrte sich und wurde sehr stark" (2. Mose 1,15–20).

Was die beiden tun, kann als ziviler Ungehorsam angesehen werden. Was bringt sie dazu, so mutig zu sein? Ist es die Liebe zum Leben? Als Hebammen erhalten sie in ihrem Beruf immer wieder einen Eindruck davon, wie kostbar Leben, wie zerbrechlich es ist. Jede Geburt ist ein Wunder! Ein Kind wird geboren und nach all den Schmerzen ist das Glück groß. Wie könnte eine Hebamme da das Kind töten? Ein unfassbarer Gedanke. Die Hebammen gewinnen die Kraft, sich zu widersetzen. Und sie tun es geschickt, auf eine Weise, die sie auch selbst schützt. Sie sind mutig und clever zugleich. Wie sagt Jesus: „Siehe, ich sende euch wie Schafe mitten unter die Wölfe. Darum seid klug wie die Schlangen und ohne Falsch wie die Tauben" (Matthäus 10,16). Ja, klug sind die beiden Hebammen. Denn sie sorgen auch für sich selbst und verraten doch ihren Auftrag, für das neugeborene Leben Sorge zu tragen, nicht. Eine sehr mutige und bewundernswerte Leistung, eine beachtliche Gratwanderung!

Ich bewundere Mut in Menschen. Und viele tun das, ja, sie wünschen sich, selbst mutig zu sein. Hätte ich den Mut gehabt, mich in Hitlerdeutschland dem Widerstand anzuschließen? Wäre ich als Christin in der DDR mutig gewesen? Könnte ich heute in einer U-Bahn eingreifen, wenn Menschen Gewalt ausgesetzt sind? Ich weiß es nicht. Ich kann es nur hoffen. Mut ist auch ein Geschenk, ja, eine Gnade, wenn wir ihn im rechten Moment aufbringen. Und wir haben auch ein unterschiedliches Verständnis davon, was überhaupt mutig ist. „Sie hatten so einen Mut, sich zur Ratsvorsitzenden wählen zu lassen", sagte eine Frau mir. Ich war damals ganz erstaunt, denn ich fand mich gar nicht mutig; für mich hatte es sich einfach so ergeben. Erst im Nachhinein dachte ich: *Ganz schön mutig, in der Tat…*

Mut lässt sich nicht diktieren und über Mut lässt sich auch nicht im Voraus entscheiden. Aber Mut ist Teil einer Glaubenshaltung. Es ist heute historisch umstritten, ob Martin Luther vor dem Reichstag in Worms wirklich jene Worte sagte: „Ich stehe hier. Ich kann nicht anders. Gott helfe mir. Amen." Aber diese Worte sind Legende geworden. Ein kleiner Mönch aus einer unbedeutenden Stadt wie Wittenberg stellte sich dem Kaiser und dem Papst in aller Schlichtheit entgegen. Was für eine Provokation! Und was für ein Mut! Bei allen Fehlern, die Martin Luther durchaus hatte und beging – es ist dieser Mut, für den er weltweit steht. Er hatte seinen Lebenssinn gefunden, seine Überzeugungen an der Bibel geschärft und nichts konnte ihn mehr von seiner Haltung abbringen.

Mut hat das Christsein von Anfang an geprägt. Der Apostel Paulus schreibt beispielsweise an die Gemeinde in Korinth: „Wachet, steht im Glauben, seid mutig und seid stark!" (1. Korinther 16,13). Er ermutigt, zu diesem im eigenen Umfeld damals so umstrittenen, fragwürdigen, angegriffenen Glauben zu stehen. Und das Thema hat heute nichts von seiner Brisanz verloren, obwohl unsere Situation eine völlig andere ist! Wage ich es, im eigenen Umfeld zu sagen: „Ich bin Christin. Ja, in der Tat, ich glaube nicht irgendwie so an Gott, sondern ich glaube, dass Jesus für mich der Weg, die Wahrheit und das Leben ist"? In so mancher Diktatur ist das zutiefst riskant. In Ländern wie dem Sudan, Indonesien, Saudi-Arabien kann es einen Menschen das Leben kosten, mutig und stark zu sein und sich zum Glauben an den auferstandenen Christus zu bekennen. Und in Westeuropa laufen wir mit einer solchen Äußerung unter Umständen Gefahr, der Lächerlichkeit preisgegeben zu werden. „Brauchst du das? Bist du wirklich noch in der Kirche?" Glaube ist für viele eine irgendwie minderwertige Lebenseinstellung.

Mut kann in einer solchen Situation ungemein beflügeln. Die Erfahrung, ich habe mich nicht geduckt, sondern in aller Freiheit zu meiner Überzeugung gestanden, ist großartig. Ich weiß, wer ich bin, was ich glaube, und es kann mich nicht verletzen, wenn andere das verachten. Ebenso kann uns die Wahrnehmung niederdrücken, dass wir nicht die Kraft hatten, mutig zu sein, aus welchen Gründen auch immer. Wir kennen vermutlich alle das Gefühl, versagt zu haben, nicht gut genug zu sein, vor den eigenen Ansprüchen einzuknicken. Und wir sehnen uns danach, ganz anders zu sein. Es ist eine gute, lebensstärkende Erfahrung, offen zu den eigenen Überzeugungen stehen zu können. Aber wir werden immer wieder auch mit der gegenteiligen Erfahrung umgehen müssen.

In einer Phase meines Lebens habe ich mich sehr verletzt gefühlt, weil so viele mich für eine bestimmte Haltung kritisierten. Ich wollte mich ständig rechtfertigen, alles richtigstellen, geraderücken. Ein Freund sagte in dieser Situation zu mir: „Wenn du eine Position einnimmst, werden sich die Leute daran reiben. Das kannst du nur vermeiden, indem du keine Position einnimmst." Dieser Rat hat mir sehr geholfen. Wir müssen akzeptieren lernen, dass wir nicht „everybody's darling" sein werden, wenn wir den Mut finden, eine eigene Meinung zu haben und für den Glauben, für das Leben oder für eine Position einzutreten.

Ich finde es daher ermutigend, wie in der Bibel auch diejenigen, die versagt haben, eine zweite Chance bekommen. Petrus etwa ist völlig mutlos, als er nach der Verhaftung Jesu vehement erklärt, dass er diesen überhaupt nicht kennt: „Petrus aber saß draußen im Hof; da trat eine Magd zu ihm und sprach: Und du warst auch mit dem Jesus aus Galiläa. Er leugnete aber vor ihnen allen und sprach: Ich weiß nicht, was du sagst. Als er aber hinausging in die Torhalle, sah ihn eine andere und sprach zu denen, die da waren: Dieser war auch mit dem Jesus von Nazareth. Und er leugnete abermals und schwor dazu: Ich kenne den Menschen nicht" (Matthäus 26,69–72). Mutlos ist er. Ein Versager. Ein Verräter am besten Freund!

Doch es ist derselbe Petrus, der beim ersten Pfingstfest, so berichtet der Evangelist Lukas, die Führungsrolle übernimmt und interpretiert, was geschehen ist: „Da trat Petrus auf mit den Elf, erhob seine Stimme und redete zu ihnen: Ihr Juden, liebe Männer und alle, die ihr in Jerusalem wohnt, das sei euch kundgetan, und lasst meine Worte zu euren Ohren eingehen! Denn diese sind nicht betrunken, wie ihr meint, ist es doch erst die dritte Stunde am Tage; sondern das ist's, was durch den Propheten Joel gesagt worden ist (Joel 3,1–5): ‚Und es soll geschehen in den letzten Tagen, spricht Gott, da will ich ausgießen von meinem Geist auf alles Fleisch; und eure Söhne und eure Töchter sollen weissagen, und eure Jünglinge sollen Gesichte sehen, und eure Alten sollen Träume haben …'" (Apostelgeschichte 2,14–17).

So überwindet Petrus seine eigene Mutlosigkeit durch Gottvertrauen, Liebe, Gemeinschaft und Zuversicht. Am Ende gilt er, der versagt hat, als Mut gefordert war, geradezu als Leitfigur. Es ist derselbe Petrus, der später die Leitung der ersten Gemeinden übernehmen wird und von dem gesagt wird, er sei der Fels, auf dem die Kirche aufbaut. Ja, es kommt zu einer Aussage, von der das römisch-katholische Papstamt selbst abgeleitet wird: „Du bist Petrus, und auf diesen Felsen will ich meine Gemeinde bauen, und die Pforten der Hölle sollen sie nicht überwältigen" (Matthäus 16,18).

Petrus findet also sozusagen im zweiten Anlauf den Mut, für die Sache einzutreten. Sein Gottvertrauen gibt ihm die Zuversicht, dass sein Versagen keine Sackgasse bedeutet, sondern es Wege darüber hinaus gibt. Mutig muss ich also nicht immer sofort sein. Ich kann auch erst einmal Luft holen, einen Schritt zurücktreten aus der aktuellen Situation und dann den Mut zum entschlossenen Handeln und zum Eintreten für meinen Glauben finden.

Mut ist uns folglich nicht immer in die Wiege gelegt. Aber wir können darauf hoffen, am entscheidenden Punkt dann doch mutig zu sein. Und wir können unsere Kinder zu mutigen Mitmenschen erziehen, die mitfühlen, Empathie empfinden, sensibel sind für Unrecht und bereit, für die Mitmenschlichkeit einzutreten. Das tun wir als Eltern, Paten, Lehrerinnen, Ausbilder, Freundinnen, Nachbarn. Sehnsucht nach Mut kann sich darin zeigen, dass wir anderen Mut machen. Und Sehnsucht nach Mut kann zum Tragen kommen, wenn ich im entscheidenden Moment eine Haltung einnehme wie die von Luther vor dem Reichstag in Worms. So manches Mal können wir nicht schon im Vorfeld bestimmen, dass wir mutig sein wollen, aber wir können und dürfen Mut als Geschenk erleben.

So habe ich es als inneren Mut christlicher Freiheit empfunden, nach drei quälenden Tagen der Frage nach dem eigenen Versagen, nach der Erfahrung von übler Häme und Spott, nach immer aberwitzigeren Spekulationen sagen zu können: „Ich gebe alle meine Ämter auf." Es war für mich eine Frage der eigenen

Würde und der eigenen Freiheit. Und am Ende habe ich es so empfunden, dass mir der Mut schlicht geschenkt wurde, die Konfrontation mit all den Kameras, all der Häme und all dem Spott und all der Hysterie und Selbstgerechtigkeit zu wagen. Und ich bin Gott dankbar für diesen Mut. Aus mir selbst kam er sicher nicht, dazu war ich viel zu schwach. Aber gewünscht und erbeten habe ich ihn mir. Und ich habe ihn gespürt.

Sehnsucht nach

KRAFT

Zwei Männer in den Fünfzigern. Ich erlebe sie extrem unterschiedlich. Der eine erschien mir immer kraftstrotzend, dominant, ein echtes Alphatier. Er ist überzeugter Christ, tief verwurzelt in seinem Glauben. Und dann kam ein Tag, da ließ er schlicht die Flügel hängen. Keiner in der Abteilung konnte sich das vorstellen. Alle sagen: „Der doch nicht!" Die Ehefrau war völlig verzweifelt, weil er tagelang auf dem Sofa saß und schlicht nichts tat. Seine Kraft war am Ende. Er war völlig ausgelaugt. Der Rhythmus von Schaffen und Ruhen war ihm verloren gegangen. Burn-out. Keine Tablette und kein gutes Zureden konnten daran etwas ändern. Ein Mann am Ende seiner Kraft und konfrontiert mit Unverständnis von allen Seiten. Wie gehen wir jetzt mit ihm um? Das passt nicht in die Planungen! Was soll nun werden? Viele mussten erst begreifen, dass es ein langer Prozess sein könnte, bis er die innere Lebensbalance wiederfinden würde.

Ein anderer Mann. Er würde sich wohl eher als Agnostiker denn als Christ bezeichnen. Interessiert ist er an vielem, weniger auf der Überholspur, aber immer in aller Ruhe den eigenen Weg gegangen. Plötzlich brechen Katastrophen in sein Leben ein: die Wirtschaftskrise, eine Scheidung, die Kündigung, Gericht, Prozess, Pfändung stehen ins Haus. Er könnte im sprichwörtlichen Sinne wahrhaftig die Hände in den Schoß legen und sagen: „Nichts geht mehr." Er wird verklagt, er ist überschuldet, jeden Monat fragt er sich, ob es irgendwie weitergehen wird. Dieser Mann nun findet die Kraft. Er geht gegen alle Widerstände an, Schritt für Schritt, er will eine Perspektive finden, er kämpft.

Zwei Männer. Beide mit sehr unterschiedlicher Kraft. Kraft ist keine Muskelfrage. Wenn wir Sehnsucht nach Kraft haben, dann befinden wir uns ja in einer Situation, in der wir uns überfordert fühlen. Es fällt uns schwer zu sagen: „Ich habe keine Kraft mehr", das klingt so nach Versagen. In meinem Leben bin ich allzu oft über solche Punkte hinweggegangen. Meistens dachte ich: *Reiß dich zusammen*. Die Kinder brauchten mich, die beruflichen

Anforderungen waren hoch, es gab schlicht keinen Raum dafür, kraftlos zu sein. Heute weiß ich: Es ist wichtig, auch einmal innezuhalten. Du musst deine Kraftquellen immer wieder auftanken. Und so habe ich versucht, sie in meinen Alltag einzubauen: Bei einem Abend mit einer Freundin im Wellnesscenter kann meine Seele Kraft schöpfen. Ein Lauf um den Maschsee in Hannover am frühen Morgen kann für den ganzen Tag stärken. Eine Zeit der Stille in einer Kirche, und sei sie nur kurz, ist eine heilsame Unterbrechung.

Ich denke, jeder Mensch muss für sich selbst herausfinden, wo die eigenen Kraftquellen liegen. Für viele werden diese im Glauben zu finden sein. Der christliche Glaube kann und will uns Kraft und Halt geben. Am Ende des Vaterunsers heißt es: „Denn dein ist die Kraft." Das finde ich ungeheuer ermutigend und bete es oft ganz bewusst. Wo meine Kraft nicht reicht, da gibt es Gottes Kraft, die mich tragen kann. Aus Gottes Kraft kann ich leben, wenn meine eigenen Kräfte nicht mehr reichen. Du, Gott, gibst mir Kraft, darum kann ich auch bitten. Und ich darf auf Kraft warten wie auf ein Geschenk. Doch wie am Eingangsbeispiel zu sehen ist, trägt die christliche Überzeugung allein nicht einfach so durchs Leben. Wir sind zunächst einmal selbst für unser Leben verantwortlich und müssen die Konsequenzen tragen, wenn wir uns selbst überfordern, wenn wir nicht rechtzeitig auf Signale von Körper und Seele achten, uns ungesund verhalten. Hier ist allgemeine Lebensweisheit gefragt, die nicht nur Glaubenden zur Verfügung steht, sondern allen Menschen.

Kraft ist manches Mal auch schlicht Bestandteil der Lebenshaltung eines Menschen. Sie wird nicht vererbt, aber anerzogen. Der zweite Mann im Beispiel bezieht seine Kraft nicht aus dem Glauben, aber gewiss aus seiner Erziehung. Wenn Mutter oder Vater oder beide Eltern ihrem Kind etwas zutrauen, ihm erlauben, die eigenen Kräfte auszuprobieren, und es ermutigen, wächst eine innere Kraft, die den Erwachsenen später lenken wird. *Er* wird nicht aufgeben, weil er spürt: Kämpfen lohnt sich. *Sie* wird sich nicht das Leben nehmen, weil sie ahnt, dass sich alles ändern kann. Eine Kampagne in den USA, bei der es darum geht, Teenagerselbstmorde zu verhindern, trägt den Titel: „It gets better – es wird besser!" Sie will das Bewusstsein stärken, dass es zwar Tiefpunkte gibt und dass wir alle im Leben dieses furchtbare Gefühl durchleiden, wie es ist, keine Kraft mehr zu haben und nicht weiterzuwissen; dass es aber dennoch Wege gibt, wie Kraft zum Leben sich wieder finden kann. Da geht es um eine Lebenshaltung, die Erwachsene Kindern und Jugendlichen vermitteln können.

Kraft ist derzeit ja ein sehr gefragter Begriff. Krafttraining, Tabletten, die Kraftzufuhr versprechen, mentale Kraft erlangen, Kraft aus der Wurzel des Ginseng… Kraft wird uns an allen Ecken und Enden versprochen, sie wird zu einem Produkt auf dem Markt des Käuflichen. Es scheint ein Zeichen von Erfolg zu sein, Kraft zu haben. Aber welche Kraft? Kraftprotzerei jedenfalls ist unangenehm! Und in Deutschland hat Kraft einen besonders bitteren Beigeschmack. „Kraft durch Freude" wird da schnell assoziiert; unter diesem Etikett wollte eine Organisation der Nationalsozialisten von 1933 bis 1945 dem deutschen Volk (Leistungs-)„Kraft" verleihen. Dadurch sollte die Volkswirtschaft gestärkt und aus den Deutschen ein kriegstaugliches Volk werden. Gemeinschaftsförderung, „Veredelung des deutschen Menschen", ein „nervenstarkes Volk" waren die Ziele. Der Begriff „Kraft" hat von daher einen negativen Klang in unseren Landen.

Christinnen und Christen aber wissen, dass keine Ideologie, kein Fitnesscenter und keine psychologische Ermutigung ihnen letztendlich Lebenskraft geben können. Gott ist die Quelle unserer Kraft im Leben und im Sterben. „Gott stärkt mich mit Kraft und weist mir den rechten Weg", heißt es in 2. Samuel 22, Vers 33. Gott weiß offenbar, dass der Mensch zunächst schlicht Essen und Trinken braucht, um Kraft zum Leben zu haben.

Sehr schön zeigt sich das in der biblischen Geschichte von Saul, dem ersten König Israels. Als er sich mit einem riesigen Philisterheer konfrontiert sieht, erkennt er, dass sein Kampf aussichtslos ist. Er weiß nicht mehr weiter und geht zu einer sogenannten Totenbeschwörerin – andere sprechen von der „Hexe von En-Dor". Die aber kann ihm auch nichts anderes sagen als das, was er schon ahnt: Der Kampf ist zu Ende und er wird ihn verlieren. „Da stürzte Saul zur Erde, so lang er war, und geriet in große Furcht … Auch war keine Kraft mehr in ihm; denn er hatte nichts gegessen den ganzen Tag und die ganze Nacht" (1. Samuel 28,20). Die Frau handelt in dieser Situation ganz pragmatisch. Sie hat nichts mit Saul zu schaffen, sie gehört nicht zu seiner Glaubensgemeinschaft. Aber sie gibt ihm schlicht zu essen und zu trinken, damit er die Kraft findet, seinen Weg konsequent bis zum Ende zu gehen.

„Kraft" als Begriff wirkt in diesen Erzählungen gar nicht so männlich, männerkonzentriert oder so kraftstrotzend und wird nicht mit körperlicher Überlegenheit in Verbindung gebracht. Sie ist eher die Quelle, aus der ich schöpfe, um mein Leben zu bewältigen.

Schön finde ich daher, dass die Bibel auch um die Kraft weiß, die Mütter brauchen. In 2. Könige 19, Vers 3 heißt es: „So sagt Hiskia: Das ist ein Tag der Not, der Strafe und der Schmach – wie wenn Kinder eben geboren werden sollen, aber die Kraft fehlt, sie zu gebären." O ja, Gebären braucht Kraft! Das habe ich mehrfach erlebt. Zunächst die rein körperliche Kraft. Es gab in meinem Leben kaum eine schwerere körperliche Anstrengung, als zu gebären. Die Wehen und das Pressen nehmen deinen Körper auf eine Weise in Anspruch, die du weder vorher gekannt hast noch nachher wirklich schildern könntest. Nach den Geburten meiner Töchter war ich immer glücklich, aber ganz klar auch hungrig und durstig und absolut erschöpft.

Und diese Erschöpfung dauert ja an. Muttersein kann eine Frau an die Grenzen ihrer Kraft bringen. Das lässt sich durch kein gutes Zureden und kein politisches oder pädagogisches Programm wegreden. Das muss schlicht wahr- und angenommen werden, damit es um reale Möglichkeiten geht, wie Freiräume zu schaffen sind. Eine junge Frau, die eine zweijährige Tochter und neugeborene Zwillinge hat, schrieb mir kürzlich, sie sei völlig am Ende, finde überhaupt keine Kraft mehr, zu lesen oder zu schreiben, ja, auch nur fernzusehen. „Wie hast du das damals gemacht? Woher kam die Kraft?", fragte sie mich. Ja, ich kann ihre Empfindungen ganz gut nachvollziehen. Als junge Mutter hatte ich oft das Gefühl, meine Kraft reiche nicht, sosehr ich meine Kinder auch liebe. Aber ich habe Kraft niemals so sehr als eigene Leistung betrachtet, sondern viel mehr als Geschenk. „Dein ist die Kraft …"

Ich bewundere die Kraft von Menschen, die lernen müssen, mit einer Behinderung zu leben, und trotzdem nicht verzagen. Die Kraft von Menschen in Flüchtlingslagern hat mich beeindruckt. Es ist keine Lösung in Sicht und dennoch ziehen sie Kinder groß. Oft habe ich mich gefragt, ob ich so viel Kraft hätte!

Viele der Menschen, die keine Kraft mehr haben, wissen nicht ein noch aus. Ich denke an den Nationaltorwart Robert Enke. Mit all seiner Kraft hat er gegen seine Depression angekämpft. Seine Frau hat ihm beigestanden, so gut sie konnte. Aber am Ende nahm er sich das Leben. Die Kraft reichte nicht. Viele Menschen waren zutiefst erschüttert. Ein nach außen so strahlender, erfolgreicher, beliebter, ja, kraftstrotzender, sportlicher Mann, und hinter dieser Fassade kam nun jemand zum Vorschein, der auch Schwäche kannte und um die dunklen Seiten des Lebens wusste. Einer, der nicht mehr weiterkonnte und Angst davor hatte, das öffentlich zuzugeben. Das hat viele irritiert, überrascht, ja, geradezu erschüttert.

Sicher, Kraft ist bewundernswert. So ein junger Mann voller Kraft und Tatendrang ist imponierend. Eine Kanzlerin, die die Kraft hat, tagein, tagaus zu arbeiten, zu entscheiden, Konflikte zu lösen, vor Kameras zu treten, zu reisen und zu lächeln, als mache ihr der Jetlag gar nichts aus – das ist beeindruckend. Wir bewundern „kraft-volle" Menschen, denn wir alle sehnen uns danach, es zu schaffen, alles zu bewältigen.

Wenn Menschen sich aber ständig selbst überfordern, kommen sie irgendwann an den Punkt, an dem sie die Kraft verlieren. Und es ist nicht leicht mit anzusehen, wenn der Vater, der stets eine so imposante Figur war, alt wird, kraftlos. Und es ist nicht leicht, sich selbst zu ertragen, wenn dieses Gefühl einsetzt: „Ich kann nicht mehr. Meine Familie, all die Aufgaben, Anforderungen, das tägliche Schaffen und Tun: Es soll einmal still sein um mich herum, damit ich mich selbst wiederfinde." Oder: „Ich drehe mich im beruflichen Hamsterrad. Ständig laufe ich einer Notwendigkeit nach der anderen hinterher. Ich weiß nicht mehr, wann Alltag ist und wann Sonntag, ich habe den Rhythmus verloren."

Es ist wichtig, diese Signale wahrzunehmen. Vielleicht muss ich in einer solchen Situation meine Kraftlosigkeit erst einmal annehmen. Und wenn ich trotz der Kraftquellen, die Teil meines Alltags sind, nicht in der Lage bin, neue Kraft zu schöpfen, muss ich vielleicht einsehen, dass etwas grundsätzlich schiefläuft in meinem Leben. An diesem Punkt gilt es zu fragen, ob wir denn wirklich so leben müssen. Ob wir öfter Nein sagen sollten. Ob es möglich ist, Verantwortung abzugeben, oder ob wir vielleicht sogar den Mut brauchen, ganz grundsätzlich etwas zu ändern.

Es geht also darum, den Rhythmus des Lebens, die Balance zwischen Schaffen und Ruhen nicht zu verlieren. Die Kraftquellen in unserem Leben wollen bewusst gestärkt werden. Und wenn wir kraftlos sind, gilt es, dieses Gefühl zuzulassen und einmal zu betrachten, was uns die Lebenskraft raubt.

Wir dürfen darauf vertrauen, dass Gott uns Lebenskraft geben will und kann. Wir können den Glauben natürlich im alltäglichen Lebensvollzug als Quelle der Inspiration, der Freude, der Ermutigung und Kraft sehen. Und ich habe oft erlebt: Gerade wenn wir *keine* Kraft mehr haben, dürfen wir uns fallen lassen – in Gottes Hand. Wir dürfen es wagen, wir dürfen uns und anderen zugestehen, dass wir kraftlos sind, und werden dennoch den Lebenssinn nicht verlieren. Sehnsucht nach Kraft und Mut zum Eingeständnis der eigenen Kraftlosigkeit gehören zusammen.

Sehnsucht nach

FREIHEIT

Ich erinnere mich an eine Dienstbesprechung mit meinen Mitarbeiterinnen in der Zeit, als ich Bischöfin und Ratsvorsitzende gleichzeitig war. Wir hatten einen Stapel von Terminanfragen und versuchten, den Anforderungen und Bitten um Gespräche oder Vorträge oder Predigten gerecht zu werden sowie die notwendigen Sitzungstermine und Synoden einzuplanen. Nach zwei Stunden war ich völlig erschöpft. Die Sonntage des Folgejahrs waren allesamt bereits verplant, und es schien überhaupt keine Möglichkeit mehr zu geben, vor dem Oktober des nächsten Jahres einen freien Termin zu finden. Mich hat das richtig deprimiert: Wie kann es sein, dass dein Leben derart verplant ist und du keinerlei Chance mehr siehst, etwas Spontanes zu tun?

Dazu kam ein großer Druck: Was darfst du in dieser Situation an persönlicher Meinung von dir geben? Du sprichst ja schließlich auch im Namen der Kirche, du wirst als Amtsperson angesehen. Da wird jedes Wort auf die Goldwaage gelegt, und Journalisten warten nur darauf, ob du eine Nuance abweichst von den offiziellen Texten. Das wird dann sofort gedeutet, der Kritik ausgesetzt. Und das geht hin bis zu deiner Kleidung, die durchgehend beurteilt wird.

Kurzum: In diesem Moment verspürte ich eine unendliche Sehnsucht nach Freiheit. Ich wünschte mir, einfach einmal tun und sagen und anziehen zu können, was ich wollte, und das unabhängig von irgendwelchen Terminen und von der Meinung und Erwartung anderer. Denn das macht uns ja auch oft unfrei: Andere brauchen uns, erwarten etwas, wir haben Verpflichtungen und sind verantwortlich. Sosehr wir andere auch lieben, so wichtig uns unsere Lebensinhalte und unsere berufliche Verantwortung auch sind – sie schränken unsere Freiheit ein.

Gewiss, die Freiheit, von der die Haltung Jesu spricht, die „herrliche Freiheit der Kinder Gottes", über die der Apostel Paulus lehrt, und die Freiheit eines Christenmenschen, die Martin Luther entdeckt hat, das ist nicht die Freiheit vom

Terminkalender. Es ist die Freiheit, dein eigenes Leben allein in Verantwortung vor Gott zu leben. Gott nicht zu einem Automaten zu machen, der aufgrund von gutem oder moralisch abgesegnetem Verhalten dein Leben gutheißt. Christliche Freiheit ist eine, die weiß: Gottes Liebe ist es zuallererst, die meinem Leben Sinn und Halt gibt. Und meine Freiheit ist, die Liebe zu Gott über Normen der Gesellschaft zu stellen.

Jesus war ein „Anwalt der menschlichen Freiheit", schreibt Gotthold Hasenhüttl*. Er ist der katholische Geistliche, der vom Priesteramt suspendiert und dem die kirchliche Lehrerlaubnis entzogen wurde, nachdem er auf dem Ökumenischen Kirchentag in Berlin 2003 gemeinsames Abendmahl zelebriert hatte. Und er erinnert an Dostojewskis Roman „Die Brüder Karamasow", in dem der Großinquisitor Jesus nahelegt zu verschwinden. Die Kirche habe den Menschen durch Gehorsamsforderung geholfen, denn vor der Freiheit hätten sie letzten Endes Angst. Es geht um die Freiheit, selbstständig zu denken, sich nicht durch vorgegebene Normen und Regeln anderer begrenzen zu lassen, die Freiheit, Neues zu wagen.

Jesus hat solche revolutionäre Freiheit vorgelebt, die Menschen empfinden können, die sich ganz und gar Gott anvertrauen. Eine derartige innere Freiheit ist immer gefährlich für Systeme und Ideologien, ja, auch für Religionen, die auf nicht hinterfragbaren Gehorsam setzen. Auf besonders irritierende Weise habe ich das in einem russischen Kloster erlebt: Du sollst nicht fragen, dein Leben entwerfen, selbstständig denken. Nein, der Abt und die Kirche wissen, was richtig ist für dich, was du liest, wo du arbeitest, was du betest. Freies Denken ist in einem solchen Kontext eine Form von Widerstand und Religion erscheint repressiv. Wie es leider allzu oft der Fall ist: Wenn etwa Religionsbehörden im Iran die Kleidung der Frauen überprüfen – was hat das mit Re-

* Gotthold Hasenhüttl, Christen gegen Christen, Stuttgart 2010, S. 19.

ligion zu tun? Das ist pure Unterdrückung! Religion ist nicht mit einer Moralinstitution zu verwechseln! Martin Luther hat das sehr deutlich gemacht: Wir sind zuallererst frei, weil Gott uns liebt. Wir können unser Leben nicht durch gutes Verhalten, das Beachten von vermeintlich religiösen Gesetzen oder Geld für Ablasshandel irgendwie „richtig" machen. Nein, das ist uns schon längst geschenkt! Wer das versteht, erlebt die herrliche Freiheit der Kinder Gottes, von der der Apostel Paulus spricht. Es ist eine tiefe innere Unabhängigkeit, die Luther schließlich in Worms vor Kaiser und Papst treten lässt.

Jesus weist darauf hin, dass Leben viel mehr ist als bloßes *Über*leben: „Darum sage ich euch: Sorgt nicht um euer Leben, was ihr essen und trinken werdet; auch nicht um euren Leib, was ihr anziehen werdet. Ist nicht das Leben mehr als die Nahrung und der Leib mehr als die Kleidung?" (Matthäus 6,25). Damit ist nicht Sorglosigkeit im Sinne von Vernachlässigung gemeint, sondern eine innere Freiheit, Prioritäten zu setzen: Was will ich mit meinem Leben? Freiheit birgt eben auch das kritische Potenzial in sich, zu hinterfragen, was scheinbar unerschütterlich vorgegeben ist: Warum? Was will ich mit der begrenzten Zeit anfangen, die mir zur Verfügung steht? Hier stehe ich in der Verantwortung vor mir, vor meinen Mitmenschen und vor Gott! Diese innere Freiheit, die Jesus von Nazareth lebte, hat seine Zeitgenossen ganz gehörig provoziert. Er gab sich mit Menschen ab, um die seine frommen Mitmenschen einen Bogen machten. Er setzte sich im Namen der Freiheit der Kinder Gottes über Normen und Gesetze hinweg, indem er beispielsweise am Sabbat geheilt hat. Matthäus erzählt im 12. Kapitel (Verse 9 bis 14): „Und er ging von dort weiter und kam in ihre Synagoge. Und siehe, da war ein Mensch, der hatte eine verdorrte Hand. Und sie fragten ihn und sprachen: Ist's erlaubt, am Sabbat zu heilen?, damit sie ihn verklagen könnten. Aber er sprach zu ihnen: Wer ist unter euch, der sein einziges Schaf, wenn es ihm am Sabbat in eine Grube fällt, nicht ergreift und ihm heraushilft? Wie viel mehr ist nun ein Mensch als ein Schaf! Darum darf man am Sabbat Gutes tun. Da sprach er zu dem Menschen: Strecke deine Hand aus! Und er streckte sie aus; und sie wurde ihm wieder gesund wie die andere. Da gingen die Pharisäer hinaus und hielten Rat über ihn, wie sie ihn umbrächten."

Immer wieder nahm Jesus sich im Namen der Menschenfreundlichkeit Gottes eine solche Freiheit. So hatte er keine Angst, sich von einer Frau anrühren zu lassen, die seit Jahren an Blutungen litt und daher als unrein galt. Er heilte sie (Markus 5,29), weil er die innere Freiheit spürte, dass die Liebe stärker ist als kulturelle Normen. Aber eine solche Freiheit ist gefährlich, auch das zeigt die Geschichte von der Heilung am Sabbat, denn manche Menschen sind eifersüchtig darauf, werden gelb vor Neid, wenn sie sehen, dass andere in solcher Freiheit zu leben wagen.

In seinem Lied „Ein Stück vom Himmel" singt Herbert Grönemeyer: „Religionen sind zu schonen, sie sind für die Moral gemacht." Ich höre die Lieder von Grönemeyer gern; an meinem 49. Geburtstag konnte ich die Festgäste zu einem Livekonzert in Hannover einladen – ein schönes Erlebnis. Im Prinzip finde ich das Lied gut, die Musik allemal. Im Text verweist es auf die Erde, für die wir die Verantwortung tragen. Aber es ist ein völliges Missverständnis, wenn Religion mit Moral verwechselt wird. Religion ist, wie der Theologe Friedrich Schleiermacher es vor 200 Jahren treffend ausdrückte, ein „Gefühl der schlechthinnigen Abhängigkeit", das Wissen darum, dass ich kein Zufallsprodukt des Universums bin, sondern Teil von Gottes Geschichte mit den Menschen. Ja, Religion wird immer wieder moralisierend gebraucht, um Menschen mit Drohungen und Gesetzlichkeit zu ängstigen und zu beherrschen. Was etwa hat ein Kopftuch mit Glauben zu tun? Aber immer wieder haben Menschen auch die Freiheit, ja, geradezu die revolutionäre Kraft gespürt, die sich in der Zusage der Liebe Gottes zu allen Menschen verbirgt.

Auf wunderbare Weise illustriert das eine kleine Geschichte: In einem Dorf klauen Kinder dem Pfarrer ständig die Äpfel vom Baum. Er stellt ein Schild auf mit der drohenden Botschaft: „Gott sieht alles!" Die Kinder schreiben darunter: „Aber er petzt nicht!" Das zeigt eindrücklich, dass die Kinder eines verstanden haben: Bei Religion geht es nicht um Moral, nicht um Einschüchterung, sondern um Freiheit gegenüber den sogenannten Normen des vorgegebenen Verhaltens. Wer an Gott glaubt, darf das eigene Leben leben, ohne sich von Vorgaben, Ideologien, Maßstäben, Gesetzlichkeiten anderer bevormunden zu lassen. Sicher, Christinnen und Christen wollen das Leben verantworten: vor sich, vor anderen Menschen und vor Gott. Doch sie werden sich nicht einschränken und einschüchtern lassen durch angeblich unhinterfragbare Gegebenheiten, wenn sie den eigenen Glaubensüberzeugungen widersprechen. Eine solche Freiheit ist nur da begrenzt, wo sie auf die Freiheit des anderen trifft, und sie ist gesteuert von der Liebe – der Dreifaltigkeit der Liebe zu Gott, zu mir selbst und zu anderen Menschen, so wie es das Gebot der Nächstenliebe beschreibt. Es ist eine Freiheit, die Jesus dazu ermutigt hat, am Sabbat zu heilen, bei einem Zöllner zu essen und mit Frauen zu sprechen. Eine Freiheit, die von innen kommt und nach außen gelebt wird.

Ich denke zum Beispiel an einen Menschen, der mitten im Leben steht, ein vor Energie, Lebensfreude und scheinbar vor Gesundheit strotzender Mann mit Familie und vielen Lebensplänen, der dann erfahren muss, dass er an Krebs erkrankt ist. Er hat – für viele überraschend – die Krankheit angenommen, ist mit Würde seinen letzten Weg gegangen. Er hat sich verabschiedet und das Leben zurückgegeben in Gottes Hand. Gerade als er schwach war, war er ganz besonders stark. Und frei.

Für eine solche innere Freiheit steht das Kreuz! Gottes vermeintliche Schwäche, ja, Gottes scheinbare Ohnmacht angesichts von Gewalt und Zerstörung von Leben erweist sich langfristig als stärker als alle menschlichen Kategorien von Erfolg und Leistungsdenken. Wer das glauben darf, dessen Leben verändert sich radikal. Und zwar nicht hin zu Leid und Traurigkeit, sondern hin zu Lebensfreude und Lebenslust, weil ein solcher Mensch im tiefsten Inneren frei wird. Frei vom Urteil anderer. Frei von Erfolgskategorien dieser Welt. Frei davon, mit dem eigenen Leben oder Lebensstil Bedeutung erlangen zu müssen. Solche Freiheit kann enorme Stärke bedeuten.

Eine solche Haltung der Freiheit kann aber auch für die Gewalt- und Machtstrukturen der Welt gefährlich werden, die Menschenliebe und Gerechtigkeit mit Gesetz und Gewalt unterdrücken. Wie sagte Martin Luther King am 28. August 1963: „Lasst den Ruf der Freiheit erschallen! Und wenn das geschieht und wir das tun, dann wird der Tag schneller kommen, an dem Schwarze und Weiße, Juden und Heiden, Protestanten und Katholiken einander die Hände reichen und in den Worten des alten Spirituals singen können: ‚Endlich frei! Danke, allmächtiger Gott, wir sind endlich frei!‘"* Seit ich diese Passage 1974 auf einem Tonband zum ersten Mal im Original gehört habe, hat sie mich beeindruckt. Da stellt sich Martin Luther King in der Tat in eine Reihe mit den Freiheitsgedanken des Paulus und seines großen deutschen Namensgebers. Alle drei Männer waren nicht perfekt, und sie haben auch nicht vorgegeben, fehlerlos zu sein. Aber sie besaßen eine über Jahrhunderte und Jahrtausende ausstrahlende Fähigkeit, überzeugend von der Freiheit der Kinder Gottes zu reden. Frei zu sein, weil Gott mir Freiheit schenkt, ganz gleich, was mich fesselt, das ist Gnade.

---

* Kürzung und Übersetzung durch MK. Originaltext: „Let freedom ring. And when this happens, and when we allow freedom ring—when we let it ring from every village and every hamlet, from every state and every city, we will be able to speed up that day when all of God's children—black men and white men, Jews and Gentiles, Protestants and Catholics—will be able to join hands and sing in the words of the old Negro spiritual: ‚Free at last! Free at last! Thank God Almighty, we are free at last!'"

Ohnmacht und Schwäche können offenbar zu Stärke führen, zu einer inneren Freiheit, die die Welt bewegt. So entsteht Entscheidungsfreiheit, die stärker ist als vorgegebene Meinung, Ideologie, Religion. Das ist das Zeugnis des Kreuzes. Der sterbende Mann am Kreuz hat mehr verändert als all die Armeen der Welt. Der Gefolterte wird zum Symbol der Freiheit. Einer Freiheit, die der Tod nicht schrecken kann, weil er nicht das letzte Wort hat. In diesem Sinne sind Christinnen und Christen „free at last" – wirklich und wahrhaftig frei, auch von dieser letzten und wohl größten Angst jedes Menschen, der Angst vor dem Tod. Das ist die Freiheit, die der Apostel Paulus meint, wenn er schreibt: „Zur Freiheit hat uns Christus befreit" (Galater 5,1), oder wenn er der Gemeinde in Korinth deutlich macht: „Wo aber der Geist des Herrn ist, da ist Freiheit" (2. Korinther 3,17).

Martin Luther entdeckte diese „Freiheit eines Christenmenschen" auf der Suche danach, wie er ein vor Gott zu rechtfertigendes Leben führen könnte. Sein für mich schönster Satz dazu lautet: „Ein Christenmensch ist ein freier Herr über alle Dinge und niemandem untertan. Ein Christenmensch ist ein dienstbarer Knecht aller Dinge und jedermann untertan." Das zeigt die ganze Spannungskraft christlicher Freiheit. Sie ist Freiheit von Gesetzlichkeiten, die nicht hinterfragt gelten wollen, die keine Diskussion zulassen, die Autorität beanspruchen, indem sie autoritär sind. Und es ist die Freiheit zu etwas: zum eigenen Denken. Zur eigenen Rede mit Gott. Zum Engagement für eine bessere Welt.

Eine solche Freiheit ist eine Lebenshaltung. Sie kommt aus dem Glauben heraus, von innen her. Eine solche Freiheit haben Christinnen und Christen in der DDR an den Tag gelegt, als sie zu ihrem Glauben standen, obwohl es ihnen schwer gemacht wurde. Wie bitter waren da Entscheidungen: Lässt du dich konfirmieren, wirst du wohl keinen Studienplatz bekommen. Bleibst du in der Kirche aktiv, ist ein Aufstieg am Arbeitsplatz ausgeschlossen. Aber sie besaßen und gewannen zunehmend die innere Freiheit, offen über Missstände zu sprechen. Und dann eine großartige Erfahrung: Mit expliziter Gewaltfreiheit wurde Freiheit möglich! Vielen klingt aus jenen Jahren des Mauerfalls noch das Lied von Marius Müller-Westernhagen im Ohr: „Freiheit …". Fast gebrüllt haben es die Menschen bei den Konzerten. Freiheit. Die Sehnsucht nach Freiheit kann Menschen einen ungeheuren Mut und große Kraft schenken. Ich denke an die vielen, die mit ihrer Sehnsucht nach Freiheit auf den Flughäfen Europas landen. Ein deutscher Innenminister hat einmal gesagt, sie wollten lediglich in die deutschen Sozialsysteme einwandern. Diese Worte empfinde ich als ungeheuer abfällig.

Auf den Reisen nach Afrika, die ich mit dem Ökumenischen Rat der Kirchen erleben durfte, habe ich diese Sehnsucht nach Freiheit bei Menschen gespürt, die ohne Angst leben wollen – in Simbabwe, in Südafrika, in Äthiopien. Im Süden der USA sind in einer Kirche Luftlöcher im Holzfußboden zu sehen. Darunter wurden früher Sklaven versteckt und mit Wasser und Brot versorgt, die auf dem Weg nach Norden waren, in die Freiheit. Diese Sehnsucht nach Freiheit konnten wir auch bei einem Besuch in Nordkorea erleben, wo alle Bereiche des Lebens reglementiert werden: wo du wohnst oder arbeitest, wie viel Essen zugeteilt wird, alles, bis hin zur Kleidung. Und ständig wird jeder Mensch überwacht. Alles steht unter dem Verdacht des Verrats. Als unser Bus wegen Getriebeschadens die Autobahn, auf der nur wir unterwegs waren, verlassen und auf einer Landstraße weiterfahren musste, drehten alle Fahrradfahrenden sofort ab. Sie hatten Angst, Probleme zu bekommen, wenn sie mit Ausländern in Kontakt kämen. Ein solches Leben ist entsetzlich unfrei.

Deshalb gilt es, aus innerer Glaubensfreiheit für die Freiheit anderer einzutreten. Dazu gehört auch, für die Glaubensfreiheit anderer einzustehen. Und dafür gibt es wichtige Vorbilder. Ich denke an Roger Williams, der als „Vater des amerikanischen Baptismus" im 17. Jahrhundert klar und entschieden für Religionsfreiheit eintrat. Obwohl er überzeugt war, dass die christliche Religion der einzige Weg zum Heil sei, trat er dennoch entschlossen dafür ein, dass andere ihre Überzeugungen leben durften. In jener Zeit gab es massive Verfolgung religiös Abtrünniger durch die Pilgerväter. Wer nicht mit ihren Glaubensüberzeugungen übereinstimmte, wurde gefoltert und exekutiert. Williams vertrat zwar ebenfalls klare christliche Überzeugungen, aber er hielt es für eine grundsätzliche christliche Haltung, die anderen anzuhören, zu respektieren und den Dialog zu wagen.

Williams könnte ein Vorbild für all diejenigen werden, die einen Ausgleich zwischen den Religionen suchen. Er würde heute wahrscheinlich sagen: „Ich sterbe für die Freiheit muslimischer Bürgerinnen und Bürger, ihre Moschee zu bauen, und werde dennoch mein ganzes Leben lang versuchen, sie davon zu überzeugen, dass das Christentum der wahre Weg zur Erlösung ist."*

Warum sollte das nicht auch heute möglich sein? Der Pastor des *Dove World Outreach Center* in Gainesville, Florida, wollte am 11. September 2010 den Koran öffentlich verbrennen. Ein Signal sollte es sein gegen den Bau des muslimischen Kulturzentrums mit Moschee in New York. Bücher verbrennen und die Gotteshäuser einer anderen Religion anzünden – in Deutschland haben solche Nachrichten einen besonderen Klang. In der Nazidiktatur wurde deutlich, dass das Verbrennen von Büchern und die Zerstörung von Gotteshäusern nur der Anfang sind und dass am Ende die Menschenrechte selbst angegriffen werden. Die Religionsfreiheit wurde brutal missachtet und die Menschen schließlich aller Freiheiten beraubt, ja ermordet. Ich denke, dass Hans Küng völlig recht hat, wenn er immer wieder darauf beharrt, dass es ohne Frieden zwischen den Religionen keinen Frieden in der Welt geben wird. Sein „Projekt Weltethos" ist ein gewichti-

* So die Friedensforscher Charles R. Paul und John M. Morehead in ihrem Blog auf Religion Dispatches (http://www.religiondispatches.org/archive/atheologies/3310/i_believe) am 15.9.2010.

ger Ansatzpunkt. Wenn Religionsfreiheit durch die Religionen respektiert würde, könnten sich die gewaltsamen Auseinandersetzungen dieser Welt definitiv entspannen. Ja, Religionen könnten dann endlich dazu genutzt werden, Konflikte zu entschärfen, statt sie zu verschärfen.

Neben der Erfahrung innerer Freiheit aus Glauben und der Erfahrung der Bürgerrechtsfreiheit durch Menschenrechte gibt es auch die Erfahrung von Freiheitsentzug. In meiner Zeit als Bischöfin wurde ich einmal gebeten, an einem Charity-Lauf in einem Gefängnis teilzunehmen. Etwas ironisch sagten einige: „Na, dann lauf mal: immer an der Wand lang." Ich habe schon mehrere Gefängnisse besucht, aber dieser Lauf war besonders eindrücklich, weil wir in der Tat immer nur an der Wand entlanglaufen konnten. Angefeuert wurden wir von Häftlingen aus ihren Zellen heraus. Es war ein beklemmendes Gefühl. Einige Insassen waren durchtrainiert. Offenbar nutzten sie jede freie Minute zum Krafttraining. Andere waren in schlechter körperlicher Verfassung und machten offenbar nur mit, um aus der Zelle herauszukommen, frische Luft spüren zu können und andere Menschen zu sehen. Ich möchte keinesfalls unser Rechtssystem infrage stellen. Aber unsere Gesellschaft sollte sich dennoch klarmachen, wie hart Gefängnisstrafen sind. Wer in Haft ist, auch in einem so entwickelten Land wie Deutschland, befindet sich eben nicht in einem Hotel, wie manches Boulevardblatt es uns weismachen will. Da kannst du nichts selbst entscheiden, der Tag ist geregelt, du bist allein oder mit mehreren anderen auf sehr engen Raum beschränkt. Die eigene Freiheit ist dahin. Die Post wird kontrolliert, du kannst die Menschen, die du liebst, nicht täglich sehen. Du kannst nicht arbeiten, hast Angst um die eigene Zukunft, die Ehe, die Kinder, und diese Angst treibt dich um. Sie lässt dich nicht schlafen. Sie macht Menschen krank und isoliert sie.

Gefängnispastoren klagen oft darüber, dass in den Fürbitten der Gemeinden die Gefangenen immer seltener erwähnt werden.

Ob es daran liegt, dass auch Kirchengemeinden sagen: „Es geschieht ihnen ganz recht, dass ihre Freiheit eingeschränkt wird"? Ist der Gedanke verloren gegangen, dass Strafe auch Resozialisierung bedeuten soll – einen Fehler begehen, Strafe durchleben, aber dann wieder hineinwachsen können in die Mitte der Gesellschaft? Wo Freiheitsentzug pure Isolation bedeutet, dürfte das kaum möglich sein. Wie ernst nehmen wir die Worte von Jesus, der gesagt hat, dass wir ihm selbst begegnen, wann immer wir Gefangene besuchen („Ich bin im Gefängnis gewesen, und ihr seid zu mir gekommen"; Matthäus 25,36)?

Aber auch das gibt es offenbar: eine Überforderung durch zu viel Freiheit und im Reflex eine Sehnsucht zurück in die Unfreiheit. Da wird etwa eine Diktatur nachträglich schöngeredet. Auf einmal scheint sie manchen gar nicht mehr so eng gewesen zu sein, auch wenn die Meinungsfreiheit abgeschafft war. Die Bibel kennt das gut: Erst bricht das Volk Israel wagemutig in die Freiheit auf und verlässt Ägypten. Aber als die Mühen der Freiheit in der Wüste allzu arg werden, sehnen sich viele zurück zu den „Fleischtöpfen Ägyptens", die in der Erinnerung auf einmal in einem viel besseren Licht erscheinen, als sie in der Wirklichkeit erlebt wurden. Sie haben Ägypten zwar physisch verlassen, aber offenbar gibt es immer noch das Ägypten in den Köpfen. Und das kann lange nachwirken …

Um den Bogen zum Beginn des Kapitels zu schlagen: Wie finden wir in unserem eigenen Leben Freiheit? Ich denke, es geht nicht um den Terminplan oder die Familiensituation. Am Ende geht es darum zu wissen: Wer bin ich und was will ich mit meinem Leben? Wer mit sich selbst im Reinen ist, wer innerlich im Gleichgewicht und zufrieden ist, muss nicht ausbrechen. Ein solcher Mensch besitzt eine tiefe innere Unabhängigkeit und Freiheit. Fast 500 Jahre ist es her, dass Martin Luther entdeckte: Nichts, was ich tue, sage, keine noch so große Anstrengung, ein gutes oder gar perfektes Leben zu führen, wird mich je zufriedenstellen, wird je gelingen. Mein Leben ist schon gelungen, ist „sinn-voll", ja, „gerechtfertigt", weil es ein Leben ist, das Gott mir geschenkt hat. Ich bin nicht etwa deshalb eine angesehene Person, weil ich viel Geld verdiene, gut aussehe oder etwas leiste. Nein, ich bin eine angesehene Person, weil Gott mich ansieht. In unserer Leistungsgesellschaft ist das eine geradezu revolutionäre Botschaft! Egal, wo ich stehe, ob ich erfolgreich bin oder arbeitslos, krank oder topfit, wohlhabend oder verschuldet – vor Gott ist das überhaupt nicht entscheidend! Allein entscheidend ist, ob ich begreife, dass ich nicht aus mir selbst heraus Lebenssinn schaffen kann. Wer das nämlich versteht, wird sich Gott ganz und gar anvertrauen. Wer so glaubt, hat eine andere Lebenshaltung: Ich weiß, dass ich gehalten werde, und kann deshalb aufrechten Hauptes durch mein Leben gehen. Auch wo etwas nicht gelingt, auch wenn ich versage, muss ich mein Leben nicht wegwerfen.

Wer zu dieser Haltung findet, ist wirklich frei. Und diese Freiheit wird nach außen strahlen, selbst wenn Umstände, Kontexte, Lebenssituationen mich einengen. Und mit einer solchen inneren Freiheit habe ich den Raum, den Blick auf die Freiheit der anderen zu werfen und für ihre Freiheit einzutreten.

Freiheit ist eines der Themen, die sich wie ein roter Faden durch unser Leben ziehen. Sie ist ein zentrales Thema des christlichen Glaubens. Und es ist eine bittere Erfahrung im Leben vieler Menschen, wenn ihre Freiheit eingeschränkt ist oder sie den Verlust von bereits erlebter Freiheit spüren oder erfahren müssen. Sehnsucht nach Freiheit kann bewegen, kann ermutigen, kann auf den Weg bringen. Ja, die Erfahrung der eigenen Freiheit kann dankbar machen und uns dazu befreien, für die Freiheit anderer einzutreten.

Sehnsucht nach

FRIEDEN

John Lennons Lied „All we are saying, is: Give peace a chance" –
„Wir sagen nur: Gebt dem Frieden eine Chance!" ist für mich
wie ein *Cantus firmus*, eine Grundmelodie, die Christinnen und
Christen in die Welt tragen. Übernommen haben wir sie von
Jesus selbst, der immer wieder sagte: „Friede sei mit euch!" Der
Pfingstgeist – die Taube – steht für diese Tradition. Durch ver-
schlossene Türen kam Jesus, so haben es die Jüngerinnen und
Jünger erfahren, und sagte: „Friede sei mit euch." Da erlebten
sie Gottes Geist wie eine ungeheure Ermutigung, frei von ihrem
Glauben zu reden. Die Friedenstaube und die Taube, die für Got-
tes Geist steht, sie gehören zusammen.

Frieden ist für mich schon lebenslang ein Thema gewesen. Dazu haben sicher viele Faktoren beigetragen. Zum einen
stammt meine Familie aus Hinterpommern. Flucht, Vertreibung,
Vergewaltigung, Krieg, Bombardierung, Zerstörung – das waren
Themen, die ich in der Kindheit wahrgenommen habe. Als ich
1974/75 für ein Jahr als Schülerin in den USA war, erlebte ich
die heftige Debatte um das Ende des Vietnamkrieges. Martin
Luther King mit seiner klaren Botschaft der Gewaltfreiheit
wurde für mich zum Vorbild. Er hatte gesagt, es gäbe nicht die
Wahl zwischen Gewalt und Gewaltfreiheit, sondern nur zwischen Gewalt und Untergang. In den 80er Jahren hat mich die
Debatte um die Nato-Nachrüstung bewegt. Wie konnte es sein,
dass auf deutschem Boden im Osten und Westen eine derartige
Konzentration an Vernichtungswaffen gegeneinander gerichtet
war, wenn wir doch *ein* Land sein wollen? Ein Nein ohne jedes
Ja – das wurde auf lila Tüchern beim Kirchentag 1983 in Hannover gegen den Willen von Kirchentagsleitung und Evangeli-
scher Kirche in Deutschland zum Symbol. Und schließlich, bei
der Vollversammlung des Ökumenischen Rates der Kirchen im
selben Jahr, nahm der „Konziliare Prozess für Gerechtigkeit, Frieden und die Bewahrung der Schöpfung" im Ökumenischen Rat
der Kirchen seinen Anfang.

Die Sehnsucht nach Frieden hat mich also umgetrieben. Sie ist sicher einerseits eine politische Option, vielleicht auch eine militärische. Ich finde Krieg schlicht und ergreifend grauenvoll und alle Rechtfertigungsversuche für kriegerisches Handeln haben für mich einen schalen Beigeschmack. Rüstungsausgaben, Waffenexporte, sie sind für mich schlicht ein Zeichen von Versagen. Da gibt es nicht genug Fantasie für den Frieden und ein viel zu großes Ignorieren des Leids, das Krieg und Gewalt immer im Gepäck führen.

Aber die Sehnsucht nach Frieden ist immer auch eine persönliche. Frieden fängt ja im eigenen Umfeld an. Wie finde ich Frieden in meiner Familie – auch über Brüche hinweg? Wie kann die Nachbarschaft Frieden halten, auch wenn Gerüchte, Verdächtigungen, Religion, Ideologien sie auseinanderdrängen? Wie finde ich Frieden in mir selbst, sodass ich mein Leben im Einklang sehe mit meinen Möglichkeiten? Neid, Gezänk, Stress – oft habe ich erlebt, dass mein innerer Friede dadurch gefährdet war. Ich brauchte eine innere Grundüberzeugung, damit mich die Meinungen, Einschätzungen, Wertungen anderer nicht in Unfrieden brachten. Wenn ich mit mir selbst und mit Gott in Frieden lebe, dann wird das meine Lebenshaltung prägen.

Ich bin überzeugt: Wer einen tiefen inneren Frieden gefunden hat, besitzt den Mut, für Frieden in der Welt einzutreten. Der innere Friede, den ich erlange, wird auch nach außen relevant werden wollen. Frieden hat für mich daher immer eine religiöse, eine persönliche und eine gesellschaftliche Dimension. Die biblischen Wegweisungen entwerfen eine Kontrastgesellschaft, in der „Löwe und Lamm" beieinanderwohnen und der Kampf um Vorherrschaft endlich ein Ende hat. Eine Welt, in der diejenigen, die Frieden stiften, als „selig" angesehen werden und nicht die Kriegsherren.

Als ich in einer Diskussion gefragt wurde, ob Christen einen Karikaturenstreit anzetteln würden, musste ich zugeben, dass es so etwas bereits gab. Denken wir an den Christus mit der Gasmaske von George Grosz (1893–1959). Als 21-Jähriger erlebte der Künstler den Ersten Weltkrieg. Er war schockiert darüber und zeichnete den Gekreuzigten als Opfer seiner Zeit. Am Rand der Zeichnung steht: „Maul halten und weiter dienen." Es kam zu einem Blasphemieprozess. Grosz floh 1933 in die USA, seine Werke wurden unter den Nationalsozialisten als „entartete Kunst" gebrandmarkt.

Aber das war doch keinesfalls Blasphemie, Gotteslästerung! Grosz hat Jesus als jemanden gezeigt, der „mit-leidet". Mitleidet mit den Soldaten, die im Ersten Weltkrieg so entsetzliche Sinnlosigkeit und Zerstörung erlebt haben. Jesus, der Mitleidende mit den Opfern der Geschichte – dafür steht das Kreuz. Und genau das hat George Grosz zum Ausdruck gebracht. Letzten Endes kann keine Karikatur das christliche Gottesbild beleidigen, weil die schlimmste Karikatur schon Wirklichkeit geworden ist: als Gott selbst unter dem ironischen Schild „INRI – Jesus von Nazareth, König der Juden" gekreuzigt wurde.

Keine Karikatur kann das toppen. Und daher dürfen Christinnen und Christen niemals eine Karikatur des Gottes, dem sie sich anvertrauen, zum Anlass nehmen, um gewalttätig zu werden. Da gilt die Kontrastgesellschaft, die Jesus ausruft, wenn er sagt: „Selig sind die Sanftmütigen! Selig sind, die Frieden stiften!" Ich finde das faszinierend. Gott zeigt sich selbst schwach, ohnmächtig und rüttelt damit an menschlichen Vorstellungen von Stärke und Schwäche. Was für eine Provokation! Bei uns gelten diejenigen als stark, die sich durchsetzen können, die ihre Ellenbogen gebrauchen, denen etwas gelingt. Waffen versprechen Durchsetzungskraft und Erfolg. Macht ist angesagt und wird zur Schau gestellt.

Auch die Kirchen müssen sich das immer wieder sagen lassen. Es kann für sie keine Theologie des Erfolges, keine Kirche von Triumph und Selbsterhöhung geben. Wenn etwa ein

Kirchengebäude prachtvoll gebaut wird, dann nicht zur Ehre der Kirche, sondern „soli deo gloria" – allein zur Ehre Gottes! Und am Ende kehrt Gott die Verhältnisse um, weil so genau das infrage gestellt ist, was Menschen nicht infrage stellen: Der Tod ist das Ende des Lebens.

Eberhard Münch hat zu dieser Radikalität ein wunderbares Bild gemalt. Die Friedenstaube in Rot. Sie fliegt in einer bunten Farbenpracht. Oft wird der Geist als Vogel dargestellt. Das soll, denke ich, seine Freiheit zeigen, die Verbindung zwischen Himmel und Erde.

Das erinnert mich an ein Gedicht des Theologen Wilhelm Willms:

der heilige geist ist ein bunter vogel
er ist da
wo einer den anderen trägt …
der heilige geist ist da
wo die welt bunt ist
wo das denken bunt ist
wo das denken und reden und leben gut ist
der heilige geist lässt sich nicht einsperren
in katholische käfige
nicht in evangelische käfige
der heilige geist ist auch
kein papagei
der nachplappert
was ihm vorgekaut wird
auch keine dogmatische walze
die alles platt walzt
der heilige geist
ist spontan
er ist bunt
sehr bunt

und er duldet keine uniformen
er liebt die phantasie
er liebt das unberechenbare
*er ist selbst unberechenbar**

So beschreibt Willms sehr gut die kreative Kraft des Geistes, die Vielfalt und Buntheit des Glaubens, die Vision vom Frieden, die in unserer Welt möglich sein soll.

Wie ein roter Faden zieht sich der Aufruf Gottes durch die Bibel: „Erschreckt nicht und fürchtet euch nicht." Ich habe das immer als Grundmelodie der Evangelien verstanden. „Fürchtet euch nicht! Ihr müsst keine Angst haben, dass euer Leben nicht gelingt. Du bist du, mit all deinen Schwierigkeiten und Kanten und Ungereimtheiten. Dein Leben gelingt, weil du ein Geschöpf Gottes bist. Du bist eine angesehene Person, weil Gott dich ansieht. Fürchte dich nicht!"

Wie kann das in unserer Lebensrealität aussehen? Wir können als Einzelne die Welt nicht grundsätzlich ändern. Aber wir werden uns auch nicht wegducken. Gottes Frieden, unser innerer Friede und der Friede auf Erden haben doch etwas miteinander zu tun! Wir haben in ökumenischer Gemeinsamkeit angeprangert, dass Deutschland auf Platz drei der Rüstungsexporteure aufgerückt ist. Keine positive Rekordmarke, wahrhaftig nicht! Schön moralisch beklagen wir die Kriege der Welt, aber wir verdienen an ihnen! Die Rüstungsindustrie ist jedenfalls von der Krise nicht betroffen. Experten gehen davon aus, dass 2010 die 30-Milliarden-Euro-Marke bei den Militärausgaben in unserem Land überschritten wurde.** Da gilt es, offen und mutig vom Frieden Gottes zu reden, der auch Frieden auf Erden bedeuten soll. Christen können sich nicht auf „das Eigentliche" konzentrieren,

---

* Wilhelm Willms, roter faden glück, lichtblicke. © 1974 Verlag Butzon & Bercker GmbH, Kevelaer, 5. Aufl. 1988, 3.2, www.bube.de – gekürzt.
** Hans Leyendecker, Ein bisschen Krieg, in: SZ 16. 6. 2008. S. 1.

wie manche es gern hätten. Denn das Eigentliche ist das Evangelium, und das redet vom Frieden sehr, sehr real und so gar nicht weltabgewandt. Ich lasse mich gern als naive Weltverbesserin belächeln. Das ist besser, als zu den ständigen Weltverschlechterern zu gehören. Als ich in einer Neujahrspredigt 2010 den Einsatz der Bundeswehr in Afghanistan kritisch hinterfragte, erntete ich sowohl heftige Zustimmung als auch heftigen Protest. Reinhold Robbe, der damals Wehrbeauftragter des Deutschen Bundestages war, sagte etwas süffisant, ich könnte mich ja mit den Taliban in ein Zelt setzen und bei Kerzenlicht beten.

Das empfand ich gar nicht als Beleidigung, auch wenn es als Herablassung gemeint war. Wahrscheinlich würde ein solcher Versuch der Kommunikation aber mehr zum Frieden beitragen als Bombardierungen auf Tanklastzüge, bei denen viele Zivilisten ums Leben kommen.

Allzu oft ist es in unserer Kirche ausgesprochen windstill, und manche finden, Gottes Geist solle lieber ruhig sein. Aber der Friedenswille bricht sich immer wieder Bahn. Mir ist das wichtig. Ich bewundere Menschen wie Martin Luther King, die die Entschlossenheit zeigen, angesichts von noch so viel Gewalt und Unrecht auf Gewalt zu verzichten. Sie haben sich nicht den schnell vorgebrachten Ruf nach den Waffen auf ihre Fahnen geschrieben. Sie sind den langwierigen, Geduld fordernden, belächelten Weg der Gewaltfreiheit gegangen. Und damit haben Menschen wie er in der Geschichte immer wieder größte Hochachtung erlangt. Eine Achtung, die alle Auszeichnungen und Orden für militärische Erfolge überschreitet. „Selig sind die Friedfertigen, denn sie werden Kinder Gottes heißen …"

Als Christinnen und Christen in der DDR wie Christian Führer in Leipzig bei Kerzenlicht mit den Friedensgebeten begannen und Friedrich Schorlemmer gar symbolisch in Wittenberg ein Schwert durch einen Schmied in einen Pflug umwandeln ließ, da wurden sie belächelt: „Naiv!" Aber sie galten auch als gefährlich, diese Christen mit ihrer unbändigen Sehnsucht nach Frieden. Junge Leute in der DDR mussten mit Verhaftung rechnen, wenn sie den Aufnäher „Schwerter zu Pflugscharen" an der Jacke trugen. Viele haben viel gewagt für ihre Sehnsucht. Und am Ende hallte der Ruf: „Keine Gewalt!" aus den Kirchen von Leipzig und Dresden und Ostberlin auf die Straßen hinaus. So hatten Christinnen und Christen mit ihrer Sehnsucht nach Frieden und Gewaltfreiheit erheblichen Anteil daran, dass eine Diktatur zu Fall kam, ohne dass ein Mensch sein Leben lassen musste. Insofern sind die friedlichen Wege zur Lösung von Konflikten vielleicht weniger beeindruckend, weniger machtvoll und weniger finanziert ohnehin. Aber sie tragen die langfristigeren Visionen, sie überzeugen wesentlich tiefer und sie werden nachhaltiger wirken.

Wer die Sehnsucht nach Frieden kennt, wird auf die Taube vertrauen. Als Deutschland, ja, nahezu ganz Europa sich 2003 weigerte, an der US-Invasion im Irak teilzunehmen, lästerte der damalige US-Verteidigungsminister Donald Rumsfeld über „das alte Europa". Es schien ihm kriegsmüde und nicht agil genug, den neuen Herausforderungen zu begegnen. Bei der großen Friedensdemonstration in Berlin war ein Plakat mit einer Taube über einer Erdkugel zu sehen. Darunter stand: „Wir alten Europäer haben einen Vogel – Gott sei Dank!" Das fand ich eindrücklich. Die Friedenstaube ist eben kein Symbol der Schwäche, sondern der Stärke. Sie ermutigt zum Widerstand gegen die vermeintliche Logik von Waffen, Waffenhandel, Krieg und militärischer Intervention. Sie ermutigt zu Fantasie für den Frieden. Diese Taube will zu Vielfalt ermutigen, wie die Farben es anzeigen.

Wie können wir Gewalt beenden? In kleinen Schritten, mit Geduld zur Mediation. Wie können wir Kriegen Einhalt gebieten? Durch ein Ende des Waffenhandels, mit dem Willen zur Gerechtigkeit. Ja, diejenigen, die für Frieden eintreten, werden immer wieder als naiv verspottet werden, aber ihre Sehnsucht nach einer veränderten Welt bewegt die Menschheitsgeschichte.

Da ist die kleine Geste über die Grenze hinweg. Da ist das Gebet auf feindlichem Territorium. Da wird der Feind zum Helfer. Ich bin zutiefst davon überzeugt, dass Gottes Geist immer wieder ermutigt, vermeintlich unerschütterliche Grenzen zu überschreiten. Und es ist belegt, dass Menschen des Glaubens das immer wieder tun. Markus Weingardt* hat in einer Studie gezeigt, dass gerade sie der Mut zum Frieden aktiv werden lässt – wenig beachtet von einer Welt, die auf die Macht der Waffen versessen zu sein scheint.

Ja, Frieden im persönlichen, inneren und religiösen Bereich wird Menschen immer wieder inspirieren, auch für den Frieden in der Welt, für das Schweigen der Waffen und für Visionen von Mediation einzutreten. Die Friedensbotschaft des Evangeliums hat immer wieder ermutigt! Wir wissen das schon aus der Kindererziehung. Kinder, die Gewalt erleiden müssen, neigen als erwachsene Männer auch zur Gewalt oder als erwachsene Frauen dazu, sich in Beziehungen zu begeben, die von Gewalt gezeichnet sind. Sie können den Geist des Friedens, die Geistkraft, für die jene Taube steht, offenbar nicht spüren. Wer aber etwas von dieser Geistkraft des Friedens erlebt hat, wird offensichtlich ermächtigt, immer neue Wege zum Frieden zu finden. Im Kleinen wie im Großen.

So bleibt zu hoffen, dass diese Taube Menschen immer wieder inspiriert, unerschrocken für den Frieden einzutreten, auch da, wo Geist und Logik der Waffen ihnen entgegenstehen. Sicher, Gewalt hat es seit Kain und Abel immer wieder gegeben und wird es auch in der Welt immer geben. Aber in Erinnerung bleiben der Menschheit doch viel weniger die großen Feldherren wie Napoleon, Hitler, Stalin als die großen Friedensfreunde wie Ghandi, King, Mandela.

Wie sehr Schwäche zur Stärke werden kann, können wir nicht nur bei Jesus von Nazareth, sondern auch in der jüngeren Ge-

---

* Vgl. Markus Weingardt, Religion Macht Frieden, Stuttgart 2007.

schichte und ganz aktuell sehen. Ich denke an Helmuth James Graf von Moltke. Anders als andere am Widerstand Beteiligte lehnte der Initiator des Kreisauer Kreises das Attentat gegen Hitler ab. Das Gebot „Du sollst nicht töten" war ihm wichtiger als die mögliche Rechtfertigung eines Tyrannenmordes. Und doch wird er im Rahmen des Attentats gegen Hitler vom 20. Juli 1944 verhaftet. Am 10. Januar 1945 schreibt er einen Brief an seine Frau Freya von Moltke. Von einer tiefen Gotteserfahrung geprägt, reflektiert Moltke seinen bevorstehenden Tod. Er weiß, er wird am nächsten Tag zum Tode verurteilt werden. Das Sterben ist nahe. In dieser Situation spricht er mit einer bewegenden Zuversicht davon, wie er sich gehalten weiß von Gott, dem er sich anvertraut hat. Wie demütigend die Auseinandersetzungen vor dem Volksgerichtshof waren, kann nachempfinden, wer einmal die Filme darüber gesehen hat. Wie sie dort stehen, die Angeklagten. Die Gürtel werden ihnen genommen, damit die Hosen rutschen und sie einen möglichst schäbigen Anblick bieten. Und Nazi-Richter Roland Freisler brüllt geifernd auf sie ein. Aber Helmuth James Graf von Moltke blickt auf diese Tage zurück und schreibt: „Wie gnädig ist der Herr mit mir gewesen! Selbst auf die Gefahr hin, dass das hysterisch klingt: Ich bin so voll Dank, eigentlich ist für nichts anderes Platz. Er hat mich die zwei Tage so fest und klar geführt: Der ganze Saal hätte brüllen können wie der Herr Freisler, und sämtliche Wände hätten wackeln können, und es hätte mir gar nichts gemacht …"

Da zeigt sich in aller Schwäche Glaubenskraft im Angesicht all der Mächte und Gewalten, die so selbstgewiss sind! Ein solcher Widerstandsgeist gegen den Zeitgeist zeigt wahrhaftig, wie Torheit zu Weisheit werden kann!

Ich denke an die Friedensnobelpreisträgerin Aung San Suu Kyi. Diese kleine, zerbrechliche Frau stellt seit mehr als zwanzig Jahren offenbar eine derartige Bedrohung für die Militärdiktatur in Myanmar dar, dass sie ständig unter Hausarrest steht. Sie hat aber einen festen Platz in den Herzen der Menschen in aller Welt und im Gedächtnis der Menschheit, weil ihre innere Kraft stärker ist als ein bis auf die Zähne bewaffnetes korruptes Regime.

Beide Beispiele zeigen, wie eine innere Haltung des Friedens auch auf politischer Ebene wirken kann.

Zuallererst aber wird es darauf ankommen, den Frieden in kleinen Schritten zu finden und zu fördern. In einem ersten Schritt geht es darum, dass ich Frieden mit mir selbst und mit meinem Leben schließe. Es ist entsetzlich, wie unzufrieden – also ohne Frieden mit sich – viele Menschen wirken. Dabei hätten sie so viel Gelegenheit dazu. Warum geht es dir schlecht, was bringt dich zum Nörgeln, was lässt denn deine Mundwinkel so hinuntersinken? Das sind Fragen, die wir uns alle immer wieder stellen sollten. Frieden strahlt von innen heraus. Die Sehnsucht nach Frieden kann ein Anfang sein. Finde ich mich einfach nur ab, quäle ich mich durch jeden Tag – oder sage ich Ja zu meinem Leben, so wie es ist? Und wenn nicht: Was kann ich wie ändern?

Die zweite Stufe ist die des Friedens mit anderen. Wie oft lassen Menschen sich von Hass, Neid, Abneigung, Feindschaft zerfressen, was sich sowohl auf sie selbst zerstörerisch auswirkt als auch auf eine Gemeinschaft. Wenn ich Sehnsucht nach Frieden empfinde, kann mir das den Mut geben, auf einen anderen Menschen zuzugehen und zu sagen: „Du hast mich verletzt, aber ich möchte mit dir neu anfangen." Das zeigt innere Größe. Die Kraft, die Vergebung entfalten kann, ist ungeheuer groß. Ich erinnere mich an ein Mittagessen, zu dem ich eine Frau eingeladen hatte, mit der ich Jahre zuvor im Unfrieden auseinandergegangen war. Wir waren letzten Endes beide verletzt, aber ich war Auslöserin und verantwortlich für den Konflikt. Das Ganze belastete mich schon lange und so schickte ich ihr eines Tages eine E-Mail und lud sie zum Essen ein. Sie sagte zu. Beim Essen konnten wir die Differenzen zwar nicht aus der Welt schaffen, aber wir merkten auch, wie viel uns verbindet und dass wir uns bei allen Meinungsverschiedenheiten doch respektieren. Beim Abschied umarmten wir uns mit Tränen in den Augen. Unsere Beziehung wird nie mehr so sein, wie sie früher einmal war. Aber wir haben unseren Frieden miteinander geschlossen und das wirkt im wahrsten Sinne des Wortes ungeheuer befreiend.

Ja, und die letzte Stufe ist in der Konsequenz dann die Friedensfrage in der Gesellschaft. Und ich bin überzeugt, dass auch hier Gottes Geist wirkt. Oder wie ein englischer Buchtitel einmal sagte: „She flies beyond"*, was wohl so viel heißen soll wie: Sie – die Taube – fliegt noch wesentlich weiter, als wir uns überhaupt vorstellen können …

---

* Vgl. Pauline Webb, She flies beyond. Memories and Hopes of Women in the Ecumenical Movement, Risk book series 56, ÖRK, Genf 1993.

Sehnsucht nach einem

ENGEL

In einem Gespräch in den USA sagte mir ein Deutscher: „Stellen Sie sich mal vor, achtzig Prozent der Amerikaner glauben an Engel!" Es klang ein bisschen abschätzig, nach dem Motto: „So ein Unfug!" Aber auch rund jeder zweite Deutsche glaubt an die Existenz von Engeln. Im Interesse an Engeln zeigt sich meines Erachtens die Sehnsucht nach spiritueller Erfahrung des Glaubens. Die Menschen sehnen sich offenbar danach, Glauben nicht nur intellektuell zu erfassen, sondern sinnlich wahrzunehmen und zu spüren. Das ist eine Erfahrung, die in Westeuropa lange vernachlässigt wurde und zum Teil verloren gegangen ist. Gerade der christliche Glaube ist im Zuge der Aufklärung immer rationaler geworden. Nur was ich erklären kann, hat Geltung. Glaube hat aber immer auch eine irrationale Seite. Wir nehmen ihn nicht allein mit dem Kopf wahr, sondern auch mit Herzen, Mund und Händen! Die Erfahrbarkeit Gottes nährt sich vielfältig – im Pilgern und Schweigen und Meditieren genauso wie im Staunen und Fühlen und Hören.

Aber wenn wir schon die Existenz Gottes nicht beweisen können und auch nicht die Möglichkeit der Auferstehung, wie dann die Gegenwart eines Engels? Da ist Glaube schlicht Gottvertrauen.

Ich freue mich über die Wiederentdeckung der Engel! Wir sollten sie nicht der Esoterik überlassen, denn sie sind ja ein gut bezeugtes biblisches Phänomen. Schon im hebräischen Teil der Bibel werden Engel erwähnt. Etwa Schutzengel wie bei Hagar, die mit ihrem Sohn in der Wüste umherirrt: „Da erhörte Gott die Stimme des Knaben. Und der Engel Gottes rief Hagar vom Himmel her und sprach zu ihr: Was ist dir, Hagar? Fürchte dich nicht; denn Gott hat gehört die Stimme des Knaben, der dort liegt" (1. Mose 21,17). Der Engel weist Hagar einen Weg in die Zukunft und schützt Mutter und Kind. Auch Engel als Reisebegleiter gibt es, etwa, als der Knecht losgesandt wird, um für Isaak eine Frau zu suchen: „Da sprach er zu mir: Der Herr, vor dem ich wandle, wird seinen Engel mit dir senden und Gnade zu deiner

Reise geben, dass du meinem Sohn eine Frau nimmst von meiner Verwandtschaft und meines Vaters Hause" (1. Mose 24,40). Das gilt sogar für das gesamte Volk Israel, als es aus Ägypten flieht: „Da erhob sich der Engel Gottes, der vor dem Heer Israels herzog, und stellte sich hinter sie. Und die Wolkensäule vor ihnen erhob sich und trat hinter sie" (2. Mose 14,19). Schutzengel und Engel als Reisebegleiter, von denen heute so viel die Rede ist, haben also biblische Vorbilder.

Auch im Neuen Testament wimmelt es geradezu von Engeln. Sie kündigen Maria und Zacharias die Geburt Jesu an, sie ermutigen die Hirten, das Kind zu suchen, später erwartet ein Engel die Frauen im leeren Grab. Der Satz „Fürchte dich nicht!" ist geradezu ihre Visitenkarte. Engel als Lebensermutigung und als Zusage der Nähe Gottes sind tief im Evangelium verwurzelt. Sie vermitteln als Boten zwischen Himmel und Erde. Warum also sollte es lächerlich oder verwerflich sein, an die Existenz von Engeln zu glauben? Biblisch ist es in jedem Fall.

Manchmal mag es sein, dass wir in einem Traum begreifen, was das Richtige ist, welchen Weg wir gehen sollen – und es könnte aus religiöser Sicht ein Engel gewesen sein, der uns diese Erkenntnis vermittelt. Im Matthäusevangelium ist es ein Engel, der Josef klarmacht, dass es besser ist, mit Maria und dem Kind zu fliehen: „Als sie aber hinweggezogen waren, siehe, da erschien der Engel des Herrn dem Josef im Traum und sprach: Steh auf, nimm das Kindlein und seine Mutter mit dir und flieh nach Ägypten und bleib dort, bis ich dir's sage; denn Herodes hat vor, das Kindlein zu suchen, um es umzubringen" (Matthäus 2,13). Vielleicht hatte er eine Ahnung? Die drei Weisen hatten ihm von der Neugier des Herodes erzählt, als dieser gehört hatte, da sei ein Kind geboren, das der Messias wäre. Ob diese Geschichte sich nun so abgespielt hat oder nicht, sie berichtet von der Vermittlung einer Botschaft durch einen Engel im Traum. Und solche Traumerfahrungen machen Menschen auch heute noch.

Gewiss, die Psychologie wird das anders sehen und erklären, bei solchen Erfahrungen handle es sich um die Verarbeitung von etwas Erlebtem. Aber biblisch gesehen haben solche Traumerfahrungen ihre Berechtigung. Ich habe selbst schon erlebt, dass ich am Morgen erwacht bin und nach Tagen quälender Überlegungen plötzlich ganz und gar sicher war, welchen Schritt ich gehen musste. Warum sollen wir solche Erfahrungen nicht als das Ergebnis einer Vermittlung durch einen Engel betrachten, wenn wir auf einmal Klarheit für eine Entscheidung gefunden haben, die vorher nicht da war? „Gott ist gegenwärtig", singen wir. Warum also sollte Gott nicht auch in unseren Erfahrungen und Träumen gegenwärtig sein? Matthäus erzählt, dass Josef auch der Zeitpunkt der Rückkehr vom Engel vermittelt wird: „Als aber Herodes gestorben war, siehe, da erschien der Engel des Herrn dem Josef im Traum in Ägypten" (Matthäus 2,19).

Nein, verkitschen sollten wir den Engelglauben nicht. In der Weihnachtszeit herrscht in den Schaufenstern geradezu eine Engelinvasion und manche dieser Puttengestalten finde ich fürchterlich. Aber einem Menschen, der auf Reisen geht, einen Engel zu schenken, ist ein schöner Brauch, der wie gesagt auf biblische Zeiten zurückgeht. Das sagt: Ich wünsche dir Gottes Begleitung, wünsche dir, dass Gott mit dir geht. Ein solcher Engel wird zur Dreiecksverbindung zwischen zwei Menschen und Gott. Ich selbst habe schon so manchen Engel geschenkt bekommen und trage sie in der Handtasche, im Portemonnaie, in der Anoraktasche und im Koffer bei mir. Nein, das ist für mich kein Aberglaube, sondern eine Erinnerung an die Segenswünsche von Menschen und an die Gegenwart Gottes in meinem Leben, an Schutz, Begleitung und Lebensermutigung.

Mit einem Kind zu beten, dass vierzehn Engel um es stehen, kann eine große Beruhigung, ein Trost sein: Gott ist bei dir, auch wenn du in der Nacht Angst hast. Jemandem einen Schutzengel zu wünschen bedeutet, Gottes Kraft zuzusagen. Ja, solche

Begleitung und solchen Schutz wünschen wir jedem Menschen. Das bedeutet nicht, dass Engel auf magische Weise Unglück verhindern können, aber wie oft haben wir schon die Erfahrung gemacht, dass wir bewahrt wurden und einen falschen Schritt eben nicht getan haben. Manche sagen dann: „Glück gehabt." Andere betonen: „Da hatte ich einen Schutzengel." Das ist ein Ausdruck der Dankbarkeit gegenüber Gott.

Und Gottes Begleitung spüren wir auch da, wo es zu einem Unglück kam. Dass ich dann genügend Hoffnung im Gepäck habe, um einen neuen Weg einzuschlagen – so wie Hagar in der Wüste. Dass ich den Mut finde, darauf zu vertrauen, dass es eine größere Wirklichkeit gibt als mein jetziges Leid – so wie die Frauen am leeren Grab. Darin können wir auch Engelerfahrungen sehen, die uns gerade auch im Leid Gottvertrauen und Trost schenken.

In manchen Kirchen hängen Engelskulpturen, die in der Hand eine Taufschale halten und anlässlich der Taufe heruntergelassen werden. Auf diese Weise wird dem Kind bei der Taufe ein Engel mit auf den Lebensweg gegeben. Eine schöne Tradition, wie ich finde. Im 17. und 18. Jahrhundert waren diese Taufengel sehr beliebt. Dann aber galten sie – offenbar vor allem bei den Pastoren! – als geschmacklos und theologisch inkorrekt. So wurden sie entfernt. Ähnlich kritisch die wissenschaftliche Analyse: „Der Taufengel scheint eher die Versinnbildlichung des elementaren Schutzbedürfnisses der Gläubigen zu sein als die lutherische Tauflehre."[*] In den vergangenen Jahren wurden jedoch viele Taufengel wieder hervorgeholt oder neu entdeckt. Und das wohl weniger wegen ihres künstlerischen Wertes als aufgrund der Sehnsucht der Menschen. Da drängt sozusagen die Volksfrömmigkeit die Theologie dazu, Engelglauben ernst zu nehmen.

---

[*] Albrecht Lindemann, Engelsvorstellungen und Engelsglaube in Bibel, Theologie und Volksfrömmigkeit, 2007, S. 41.

Der biblischen Botschaft zufolge vermitteln Engel Kraft und Mut auch in schweren Zeiten. Ich denke da an Elia, der in die Wüste flieht und nur noch sterben will: „Er aber ging hin in die Wüste eine Tagereise weit und kam und setzte sich unter einen Wacholder und wünschte sich zu sterben und sprach: Es ist genug, so nimm nun, Herr, meine Seele; ich bin nicht besser als meine Väter. Und er legte sich hin und schlief unter dem Wacholder. Und siehe, ein Engel rührte ihn an und sprach zu ihm: Steh auf und iss! Und er sah sich um, und siehe, zu seinen Häupten lag ein geröstetes Brot und ein Krug mit Wasser. Und als er gegessen und getrunken hatte, legte er sich wieder schlafen. Und der Engel des Herrn kam zum zweiten Mal wieder und rührte ihn an und sprach: Steh auf und iss! Denn du hast einen weiten Weg vor dir. Und er stand auf und aß und trank und ging durch die Kraft der Speise vierzig Tage und vierzig Nächte bis zum Berg Gottes, dem Horeb" (1. Könige 19,4–8).

Der Engel gibt Kraft und stärkt. Wie bei Jesus nach den vierzig Tagen in der Wüste, als er Kraft schöpfen muss: „Da verließ ihn der Teufel. Und siehe, da traten Engel zu ihm und dienten ihm" (Matthäus 4,11). Wer waren diese Engel? Menschen, die ihn liebevoll umsorgten? Erfahrungen, wie Elia und Jesus sie machten, gibt es in unserem Leben ja auch: Ein anderer Mensch wird mir zum Engel. Und auch danach sehnen sich viele: diejenige zu finden, zu der ich „mein Engel" sagen kann. Denjenigen zu erleben, der mir zum Engel wird. Das kann Liebe sein, aber auch ganz praktische Hilfe. Nicht umsonst wirbt der ADAC, indem er seine Mitarbeitenden als „gelbe Engel" bezeichnet. Rudolf Otto Wiemer hat das in seinem Gedicht „Es müssen nicht Männer mit Flügeln sein" wunderbar in Worte gefasst. Ähnlich dichtete schon Christoph August Tiedge (1752–1841):

Wer Engel sucht in dieses Lebens Gründen,
der findet nie, was ihm genügt.
Wer Menschen sucht, der wird den Engel finden,
der sich an seine Seele schmiegt.

Ich bin überzeugt, dass wir uns auf den Gedanken oder auch den Glauben an Engel einlassen können, selbst im 21. Jahrhundert. Es geht um die Erfahrbarkeit Gottes. Das Vertrauen darauf, dass ich im Gebet mit Gott im Gespräch sein kann. Vielleicht wird Gott nicht in mein Leben eingreifen. Aber dieses Vertrauen wird mein Leben verändern. Wohl wird Gott mich nicht durch Engel vor allem Unglück schützen können. Aber ich kann um Schutz und Bewahrung bitten – für mich wie für andere. Martin Luther tat das an jedem Morgen und an jedem Abend. Mit seinem Morgensegen will ich hier schließen, denn er zeigt auf wunderbare Weise, wie der Glaube an die Engel Gottes eingebettet sein kann in unseren Alltag und in unsere Glaubenshaltung:

Ich danke dir, mein himmlischer Vater,
durch Jesus Christus, deinen lieben Sohn,
dass du mich diese Nacht
vor allem Schaden und Gefahr behütet hast,
und bitte dich,
du wollest mich diesen Tag auch behüten
vor Sünden und allem Übel,
dass dir all mein Tun und Leben gefalle.
Denn ich befehle mich, meinen Leib und Seele
und alles in deine Hände.
Dein heiliger Engel sei mit mir,
dass der böse Feind keine Macht an mir finde.

Am wichtigsten bleibt am Ende jene Visitenkarte der Engel: „Fürchte dich nicht." Das ist eine ungeheure Ermutigung für unser Leben! Ich muss keine Angst haben, sondern darf meinen Weg gehen. Rückschläge ertragen, mich aber geborgen wissen. Verlust und Schmerz verkraften und mich doch gestärkt fühlen. Der christliche Glaube kennt viele Erfahrungen solcher Ermutigung. Ich bin überzeugt: Wenn wir uns darauf einlassen, werden wir auch persönlich Ermutigung erfahren. Es gibt sie, die Engelerfahrungen – auch mitten im 21. Jahrhundert…

Sehnsucht nach

GOTT

In einer Talkshow, in der ich über meinen Glauben sprach, sagte mir ein Mann: „Ich beneide Sie! Ich würde auch gern so glauben können." Und so begann in dieser Runde mit einem Sportler, einem Politiker, einer Moderatorin und anderen ein Gespräch darüber, wie gern viele Menschen glauben würden. Glauben, dass einer für dich sorgt. Dass du aufgehoben bist. Gott als ein Gegenüber empfinden können, das Lebensmut zusagt. Dich anvertrauen können im Leben und im Sterben. Ein wahrhaft erfülltes Leben führen, nicht weil ich erfolgreich oder siegessicher, schön oder reich bin, sondern weil ich mich gehalten weiß.

Für mich wird immer wieder deutlich: Glauben heißt vertrauen, loslassen und sich anvertrauen. Das ist den einen möglich, weil sie hineinwachsen in den Glauben ihrer Mütter und Väter, Großväter und Großmütter, Gemeinden und Traditionen. So eine Erfahrung ist wie ein Geschenk, das dir mitgegeben wird auf dem Lebensweg. Und es tut gut, wenn ein Mensch auf diese Weise Lieder, Texte, Gebete, Überzeugungen mit ins eigene Leben hineinnehmen kann. Wenn das in einer Atmosphäre der Freiheit geschieht, wird sich der erwachsen werdende Mensch Zweifel gestatten und sich ungehindert entscheiden können, ob er selbst zu dieser Glaubensgemeinschaft gehören will. Ein Glaube, in den ich in aller Freiheit hineingewachsen bin, wird mich auch durch Phasen von Zweifel und Unglauben tragen, davon bin ich überzeugt.

Von einer solchen Glaubenskontinuität, in die jemand hineinwächst und Vertrauen lernt, erzählt auf wunderbare Weise die Geschichte von Mose. Im 2. Buch Mose wird erzählt, dass Gott ihm einen Auftrag gibt: „So geh nun hin, ich will dich zum Pharao senden, damit du mein Volk, die Israeliten, aus Ägypten führst" (2. Mose 3,10). „Mose sprach zu Gott: Wer bin ich, dass ich zum Pharao gehe und führe die Israeliten aus Ägypten? Er sprach: Ich will mit dir sein. Und das soll dir das Zeichen sein, dass ich dich gesandt habe: Wenn du mein Volk aus Ägypten geführt hast, werdet ihr Gott opfern auf diesem Berge. Mose sprach zu Gott: Siehe, wenn ich zu den Israeliten komme und spreche zu ihnen: Der Gott eurer Väter hat mich zu euch gesandt!, und sie mir sagen werden: Wie ist sein Name?, was soll ich ihnen sagen? Gott sprach zu Mose: Ich werde sein, der ich sein werde. Und sprach: So sollst du zu den Israeliten sagen: ‚Ich werde sein‘, der hat mich zu euch gesandt. Und Gott sprach weiter zu Mose: So sollst du zu den Israeliten sagen: Der Herr, der Gott eurer Väter, der Gott Abrahams, der Gott Isaaks, der Gott Jakobs, hat mich zu euch gesandt. Das ist mein Name auf ewig, mit dem man mich anrufen soll von Geschlecht zu Geschlecht. Darum geh hin und versammle die Ältesten von Israel und sprich zu ihnen: Der Herr, der Gott eurer Väter, ist mir erschienen, der Gott Abrahams, der Gott Isaaks, der Gott Jakobs, und hat gesagt: Ich habe mich euer angenommen und gesehen, was euch in Ägypten widerfahren ist…“ (11–16). Gottvertrauen entsteht so durch Tradieren des Glaubens: Weil die Väter und Mütter auf diesen Gott vertraut haben, sollen auch die Israeliten in der aktuellen Generation vertrauen.

Andere finden durch eigenes Fragen und Forschen zum Glauben. Ich denke, das ist der schwerere Weg, aber mich ermutigt, wie viele Menschen ihn doch gehen. So erinnere ich mich an eine Frau, die, als sie Mutter wurde, sagte, sie habe den Eindruck, sie müsse ihrer Tochter irgendeine Orientierung, einen Halt mitgeben. Auf diesem Weg hatte sie zum Glauben gefunden. Ein Mann erzählte, es sei die Kirchenmusik gewesen, die ihn bewegt habe. Beim Mitsingen in einem Chor hätten ihn die Melodien und die Texte von Johann Sebastian Bach derart bewegt, dass er angefangen habe, sich für den Glauben zu interessieren – nicht umsonst wird Bach auch als der fünfte Evangelist bezeichnet. Ich denke auch an einen Journalisten, der mir Jahre nach einem Interview schrieb, unser Gespräch habe ihn veranlasst, sich den theologischen Fragen anzunähern. Und das habe ihn dann doch gepackt. Nun habe er sich kirchlich trauen lassen, die kleine Tochter werde demnächst getauft. Es gibt auch heute eine ganz eigene Suche nach Gott, die zu einer wundersamen Annäherung an den christlichen Glauben führen kann. Und bei allem Wissen um manche Defizite des „Bodenpersonals" und auch der „Institution Kirche" dann doch auch eine bewusste Entscheidung für die Zugehörigkeit zu ihr. Ich freue mich über all diese Lebensreisen zum Glauben. Wie großartig, wenn ein Mensch heute in Deutschland diesen Weg findet und geht, denn vielen ist es offenbar eher peinlich, nach Gott zu fragen. Du wirst belächelt, wenn du in der so aufgeklärten Wissenschaftsgesellschaft des 21. Jahrhunderts an Gott glaubst. Ein amerikanischer Bischof sagte mir einmal, die Amerikaner seien auf sehr religiöse Weise säkular und die Deutschen auf sehr säkulare Weise religiös. Ja, in der Tat, sie ist vorhanden, die religiöse Frage. Aber viele haben die Sprache dafür verloren. Doch wie meine Erfahrung in der Talkshow zeigt, können wir eine neue Sprache finden, wenn wir die Sehnsüchte anderer ansprechen. Am Ende kann ein solcher Mensch wie der Vater in der biblischen Erzählung schlicht sagen: „Ich glaube, hilf meinem Unglauben!" (Markus 9,24).

Christinnen und Christen finden Gott in den Erzählungen Jesu. Er ist für uns der Weg zu Gott, der allen Völkern einen Zugang zum Gott Israels ermöglicht, den Jesus liebevoll „Abba" nannte. Wer als Christ nach Gott fragt, wird auf Jesus schauen. Und das, was von ihm überliefert ist, öffnet Lebenswelten, finde ich: sein Mut, alle an einen Tisch zu laden. Die Liebe zu den Menschen, die am Rande der Gesellschaft stehen. Das Einfühlen in andere. Die Nachsicht mit Fehlern. All das klingt aus den Evangelien bis in unsere Tage, und wir verstehen, was gemeint ist. Mich fasziniert das immer wieder.

Als ich eine Schule besuchte, in der ich mit der Oberstufe eine Diskussion über Religion führen sollte, stellten muslimische Schülerinnen und Schüler die interessantesten Fragen. Darunter war diese: „Wie können Sie an einen Gott glauben, der elend am Kreuz gestorben ist? Das kann doch nicht Gott sein!" Die christlichen Schülerinnen und Schüler guckten mich gespannt an, nach dem Motto: „Uff, ich hoffe, sie kann das jetzt anständig beantworten!"

Wer die Geschichte von Jesus von Nazareth unter weltlichen Kategorien betrachtet, wird in der Tat zu dem Ergebnis kommen, dass es die Geschichte eines Scheiterns ist: Da wird ein Kind in ärmlichen Verhältnissen geboren; die Herkunft ist nicht so ganz geklärt. Es wächst auf und verhält sich nicht gerade konform; etwas merkwürdig scheint dieser Junge, der die Eltern verlässt und im Tempel die Schrift hören und verstehen will. Obwohl: Alle Eltern wissen, dass sie so manches Mal nicht verstehen, was in ihren Kindern vor sich geht. Vielleicht war das ja auch geradezu normal …

Später sammelt der junge Mann einige Männer und Frauen um sich, die allerdings ebenfalls nicht gerade zur Spitze der Gesellschaft gehören. Geld machte er so jedenfalls nicht! Und mancher wird gedacht haben: *Die armen Eltern! Hätte er doch die Werkstatt des Vaters übernommen!* Das Ende ist tragisch: Er wird als Verbrecher hingerichtet. Das ist nicht gerade eine typische Hollywood-Geschichte mit Happy End. Und die Besetzung ist auch schlecht: Einer der engsten Freunde verrät ihn bei erstbester Gelegenheit, eine Frau in seinem direkten Umfeld hat einen durchaus zweifelhaften Ruf. Wahrhaftig keine Elitetruppe! Das konnte ja nichts werden! Genau das ist das Ergebnis einer ersten Analyse. Eine merkwürdige Religion, die so einen Versager verehrt, ja, zu ihm betet und allen Ernstes glaubt: Das ist Gottes Sohn.

Aus dem Blickwinkel des Glaubens betrachtet sieht die Geschichte aber ganz anders aus: Gott wagt es, den Menschen ganz nah zu sein, ja, auf die Menschen selbst angewiesen zu sein, in Beziehung zu den Menschen zu treten. Gott kennt die Menschen, weil Gott selbst Mensch war. Gott weiß um Konflikte, Angst und Gewalt, weil er eben *kein* ferner Weltenlenker ist, sondern nah beim Menschen. Das christliche Gottesbild unterscheidet sich vom islamischen ganz besonders dadurch, dass es Schwäche und Angst nicht ausblendet, sondern hineinnimmt in das Gottesverständnis. Gott kennt Leiden. Deshalb vertrauen wir uns Gott im Leiden an. Es wurde eine gute und spannende Diskussion dort in der Schule …

Als ich in meiner Eigenschaft als Bischöfin und Ratsvorsitzende anlässlich des Festaktes zum 100-jährigen Jubiläum des Evangelischen Pressedienstes in Berlin war, schrieb anschließend eine Zeitung: „Käßmann, die ein Kreuz um den Hals trägt, das bei Ungläubigen als modisches Accessoire durchginge, hat hier ein Heimspiel." Ich kenne Robin Alexander nicht, der das in der „Welt" (4. 2. 2010) geschrieben hat, aber es war interessant: Wie müsste ein Kreuz beschaffen sein, das nicht als „Accessoire" gilt? Welche Vorstellung hat der Autor davon? Dick und fett und golden? Mit Diamanten besetzt? Wuchtig wie ein Ritterkreuz? Wobei der Weg zum Kreuzritter dann gedanklich auch nicht mehr sehr weit wäre …

In der Tat, ich finde es merkwürdig, wenn Menschen sich ein Kreuz um den Hals hängen, weil sie das irgendwie schmückend finden. Es ist für mich eine Glaubensaussage, eine bewusste Entscheidung, ein Kreuz zu tragen, und keineswegs modischer Schnickschnack. Das Kreuz kann darüber hinaus auch niemals ein Herrschaftssymbol sein! Auch und schon gar nicht bei Amtsträgerinnen und Amtsträgern der Kirche! Wer ein Kreuz trägt, bekennt sich zum Gekreuzigten, das heißt zum gedemütigten Christus. Es geht um den, der sein Kreuz getragen und uns so vorgelebt hat, was tiefstes Gottvertrauen heißt. Durch ihn versuchen wir, Gott zu begreifen. Wenn ich ein Kreuz trage, dann sagt das etwas über meine Lebenshaltung aus. Und die kann nicht triumphalistisch sein, sondern sie weiß etwas von der Demut gegenüber dem Leben, die verletzbar, angreifbar, ohnmächtig werden lässt. Kreuz und Macht – das passt nicht zusammen. Gott und Gewalt gehen nicht konform. Auch wenn es in der Kirchengeschichte entsetzliche Irrtümer gab, in denen ein solcher Zusammenhang hergestellt wurde. Das Kreuz ist das Zeichen der Freiheitsliebe Gottes, des Respektes vor der Würde jedes Menschen, sei er ein Verbrecher, krank, sterbend, gedemütigt oder auch erfolgreich, leistungsstark, glücklich. Gott ist ein Freund des Lebens, das zeigt uns die Geschichte Jesu, das zeigen seine Gleichnisse. Ein Freund des Lebens, der aber auch um die Ohnmacht weiß und um das Sterben.

Es gibt Menschen, die diese Sehnsucht nach Gott nicht kennen. Sie leben ihr Leben tagein, tagaus; es fehlt ihnen nichts. Aber andere sind auf der Suche nach diesem Freund des Lebens. Sie hoffen auf Sinn, auf Beziehung und werden von der Frage getrieben: „Gibt es Gott? Und wo könnte ich suchen?"

Akut wird die Frage: „Wo ist Gott?", diese unbändige Sehnsucht nach Gott vor allem dann, wenn sich Katastrophen ereignen. In den Nöten unseres Lebens. Der Schrei des Psalmbeters klingt durch die Jahrhunderte bis zu uns in die Gegenwart: „Mein Gott, mein Gott, warum hast du mich verlassen?" (Psalm 22,2). Jesus selbst hat nach Aussage der Evangelien von Markus (15,34) und Matthäus (27,46) diese Worte sterbend herausgeschrien. Gerade diese Klage zu Gott ist besonders erschütternd. Jesus war doch derjenige, der stets vertraute. Der in die Wüste ging und allen Versuchungen widerstand. Der im Garten Gethsemane hoffte, dass der „Kelch an mir vorübergeht", und dann doch bereit war, den Weg in den Tod zu gehen.

„Wie kann Gott das zulassen? Wo war Gott, als das passierte?" Diese Frage treibt selbst Menschen um, die im Alltag gar nicht an Gott glauben. Im Sommer 2010 findet ein großes Musikfestival statt – die „Loveparade". Friedlich wollen Tausende junger Menschen zusammen sein, Musik hören und tanzen. Und dann kommt es zu einer Massenpanik in einem Tunnel. Einundzwanzig junge Menschen werden totgetrampelt oder ersticken qualvoll unter den anderen. Viele werden schwer verletzt. Manche sind von Bisswunden gezeichnet, die um ihr Leben ringende Menschen ihnen zugefügt haben. Entsetzen. Grauen. Schrecken. In einer solchen Situation wird eine brennende Sehnsucht nach Gott laut: „Wo bist du, hilf!" „O mein Gott!", ruft da selbst, wer nicht an Gott glaubt.

Sehnsucht nach Gott gibt es aber auch abseits von Katastrophen. Sie zeigt sich zum Beispiel in der Hoffnung, dass unser Leben mehr ist als das Ergebnis biologischer Zusammenhänge. Dass es einen tieferen Sinn gibt für mich und für dich. Dass wir geborgen sein können in der Liebe Gottes. Es ist die Sehnsucht nach der Existenz Gottes. Nicht nach einem strafenden alten Mann suchen wir, sondern nach einem Weltenlenker, der uns nicht wie verlorene Zufallsprodukte verängstigt zurücklässt.

Sehr schön drückt dies das Lied „Da wohnt ein Sehnen tief in uns" von Anne Quigley aus, in dem es darum geht, dass wir alle ein Sehnen nach Gott und seiner Nähe in uns tragen sowie einen Durst nach Glück und Liebe, wie wir sie nur bei ihm finden. Es geht in dem Lied um Gottvertrauen, das erbeten wird: „Gib mir die Kraft, nicht an dir zu zweifeln, nicht zu verzweifeln, auch wenn vieles so anders aussieht." Wenn wir solches Gottvertrauen finden, wenn es uns geschenkt wird, dann können wir wie der Psalmbeter sagen: „Der Herr ist mein Hirte, mir wird nichts mangeln … Und ob ich schon wanderte im finstern Tal, fürchte ich kein Unglück" (Psalm 23). Der Psalmist hat erfahren, dass seine Sehnsucht nach Gott beantwortet wurde. Gott hat beigestanden. Oft wird das erst im Rückblick erkannt: Ich habe Gott gerufen und Gott stand mir bei. Ich hatte auf einmal den Mut, die richtige Entscheidung zu treffen, einen besonderen Weg einzuschlagen.

Und natürlich kennt vor allem der bewusste Glaube den Ruf nach Gottes Beistand, nach Gottes Eingreifen und Zuwendung. So heißt es in Psalm 31, Vers 3: „Neige deine Ohren zu mir, hilf mir eilends!" Und in Psalm 71, Vers 3: „Sei mir ein starker Hort, zu dem ich immer fliehen kann, der du zugesagt hast, mir zu helfen, denn du bist mein Fels und meine Burg."

In allem Wirbel der Geschichte, in allen Zerreißproben bleibt es für Christinnen und Christen Jesus selbst, der uns zeigt, wie Gott ist: Wie ein Weingärtner, der dafür Sorge trägt, dass alle genug fürs Leben haben, egal, was sie leisten können. Wie ein Vater, der den Sohn wieder aufnimmt, glücklich, liebevoll, ohne jeden Vorwurf, ohne jede Frage. Wie Jesus, der alle an einen Tisch einlädt – auch Zachäus, den Zöllner –, der die Ehebrecherin vor der Steinigung bewahrt und zu Liebe aufruft, wo andere hassen und strafen wollen. Jesus zeigt uns Gott nicht als den drohenden alten Mann, sondern als den Liebenden, der Menschen ansieht und so jeden Einzelnen zu einer im wahrsten Sinne des Wortes angesehenen Person macht. Es gehe nicht darum, „who we are", sondern darum, „whose we are", hat ein amerikanischer Prediger einmal gesagt. Nicht, wer wir sind, sondern zu wem wir gehören, ist entscheidend.

Wenn wir Gott so wahrnehmen – als den uns zugewandten, liebevollen Gott, der zugegen ist, wo Menschen leiden –, dann bekommen wir auch eine ganz andere Wahrnehmung des Kreuzes. Es ist gerade nicht ein Zeichen des Triumphalismus, der mit dem Kreuz immer wieder einherging. Nein, der Gott, der ans Kreuz geht, ist kein triumphalistischer Gott. Es ist der Gott, der die Sehnsucht der Menschen nach Nähe gerade da stillt, wo sie leiden. Es ist der Gott, der mich begleitet, wenn ich nicht weiterweiß.

Aber wie merke ich, dass Gott gegenwärtig ist? Wo erfahre ich Gott? Wenn ich nach biblischen Antworten auf diese Fragen suche, dann ist eine meiner liebsten Erzählungen die von Elia, der erschöpft ist und vor Gott fliehen möchte. Er ist müde, er kann nicht mehr, selbst als der Engel ihm sagt, er solle essen und trinken. Und so sucht er Stille und Rückzug in einer Höhle. Im 1. Buch der Könige wird davon berichtet, dass Gott ihm dann begegnen will, um ihm eine neue Perspektive aufzuzeigen. Aber diese Begegnung verläuft ganz anders, als wir annehmen würden: „Und nach dem Erdbeben kam ein Feuer; aber der Herr war nicht im Feuer. Und nach dem Feuer kam ein stilles, sanftes Sausen. Als das Elia hörte, verhüllte er sein Antlitz mit seinem Mantel und ging hinaus und trat in den Eingang der Höhle" (1. Könige 19,12–13).

Gott im Säuseln, in ganz leisen Tönen – das ist eine wunderbare Beschreibung einer Gotteserfahrung, finde ich. So unterscheidet sich das Gottesbild schon im hebräischen Teil der Bibel von all diesen Bildern vom gewalttätigen Donnergott, die sich bis in Hollywoodfilme gemogelt haben. Sanft, zart, zuwendend, so erlebt der Prophet Gott. Leise, sodass wir wirklich hinhören müssen. Wie ein Adler, unter dessen Flügeln wir Schutz finden vor allen Gefahren, Ängsten, Herausforderungen unseres Lebens. All diese furchtbar machtorientierten Gottesbilder werden damit infrage gestellt. So wie Jesus am Kreuz stirbt und am Ende sagen kann: „Meinen Geist befehle ich in deine Hände", so hat Elia Gott als den erfahren, der ihm im Säuseln begegnet, der leise zu ihm spricht und ihm Mut macht, den nächsten Schritt zu gehen, hinaus aus der Höhle, hinaus in die Welt.

Als ich an einer Veranstaltung mit dem Dalai Lama teilnahm und etwas kritisch anmerkte, dass Lächeln allein nicht die Antwort sein könne, erhielt ich viel kritische Resonanz. Jemand sagte, er wolle keiner Religion angehören, die auf einen Opfertod gegründet sei. Ihm sei eine positive Religion lieber. Als ich dem Neu-Buddhisten daraufhin erzählte, als wie befreiend und behütend ich meinen Glauben empfinde, konnte er mir nur schwer folgen. Immer wieder kamen Begriffe wie „Opfer" und „Blutzoll". In der Tat: Christinnen und Christen müssen nicht nach einem „Markenzeichen" in dieser Welt suchen. Das Kreuz ist ihr Markenzeichen. Es ist aber eben nicht einfach ein Symbol für Leid und Opfer, sondern das Symbol der Hoffnung, dass Gutes das Böse überwinden wird. Es ist ein Zeichen dafür, dass noch im tiefsten Leid Gottes Nähe spürbar ist. Es ist ein Leitfaden dafür, dass Gott in der Schwachheit stark ist, dass wir Gott gerade da finden, wo das Leben zerbrechlich ist.

Das Kreuz, das aus dem Chaos des Lebens heraus Orientierung gibt, ist deshalb ein wunderbares Bild von Münch. Nein, nicht triumphalistisch, sondern in dem vollen Bewusstsein der Tiefen und Dunkelheiten des Lebens. Und doch so etwas wie ein Leuchtturm, der auch in Untiefen und großen Wellen einen Weg zeigen kann.

Die Sehnsucht nach Gott lässt sich stillen, wenn wir die Frage nach Gott zulassen und uns dann hineinfinden in die großen Erfahrungen des Glaubens, von denen die Bibel erzählt. Gott im Säuseln bei Elia. Gott als der liebende Vater im Evangelium. Gott finden wir da, wo wir uns aufmachen, Kranke zu besuchen, Gefangenen beizustehen, Trauernde zu trösten. Wann immer wir Menschen deutlich machen, dass ihr Leben auch dann nicht gescheitert ist, wenn sie scheitern oder krank werden oder liebe Menschen verlieren. Gotteserfahrungen kann es mitten im Alltag geben. Wir können erleben, wie Gottes Geist wirkt, wenn sich etwas zwischen Menschen verändert. Wenn wir selbst den Mut haben, einen ersten Schritt auf einen anderen zuzugehen. Sich auf die Suche machen, das ist der Anfang eines Weges. Offen sein für neue Erfahrungen. Sich nicht abfinden mit vorgefertigten Meinungen. Der Weg zu Gott ist spannend und überraschend, wenn wir den Mut haben, uns aufzumachen.

Mich hat dabei oft ein Liedvers von Klaus-Peter Hertzsch bewegt: „Vertraut den neuen Wegen, auf die uns Gott gesandt. Er selbst kommt uns entgegen, die Zukunft ist sein Land." Gott kommt uns auf unserer Suche, auf dem Weg unserer Sehnsucht nach erfülltem Leben entgegen. Das ist ein wunderbares Bild! Du bist dann auf einem Weg, auf dem du dich bereits geliebt wissen darfst. Ökonomisch gesprochen: Dein Konto ist schon bei deiner Geburt in den schwarzen Zahlen, und nichts, was du tust, kann es in die roten Zahlen bringen. Diese Liebe wird nicht enttäuscht, darauf kannst du vertrauen. Wer eine solche Grundüberzeugung besitzt, geht mit einer ganz eigenen Haltung durchs Leben! Er hat den Mut, sich den eigenen Zweifeln zu stellen, und wird sich dennoch geliebt wissen. Eine Spannung, die der Glaube immer in sich trägt. Wer sagt, *er* habe nie gezweifelt, kennt das Ringen des Glaubens nicht. Und wer sagt, *sie* habe Gott nie gespürt, kennt die Suche des Glaubens nicht. Es gibt dem Leben Fülle und Tiefe, wenn jemand nach Gott fragt, Gott sucht und am Ende Geborgenheit in Gottes zugesagter Liebe findet. Menschen bleiben wohl ein Leben lang Gottsuchende. Aber auf dieser Suche werden sie immer wieder Gotteserfahrungen machen. Lassen wir uns also immer wieder neu ein auf die Suche und den Weg.

Der Mystiker Meister Eckhart hat dazu im 14. Jahrhundert auf ganz eigene Weise Mut gemacht: „In dem Augenblick, in dem du bereit bist, geht Gott in dich ein, ohne Verzögerung und ohne zu zögern … Du musst ihn nicht eigens suchen, weder dort noch hier. Er ist ja nicht weiter weg als vor der Tür deines Herzens. Da steht er und wartet, wen er bereit findet, wer ihm auftut und ihn hineinlässt. Du brauchst ihn auch nicht erst von fern her zu rufen. Er kann es ja kaum erwarten, bis du ihm auftust.“*

* Aus: Deutsche Mystiker des 14. Jahrhunderts, Band 2: Meister Eckhart, hrsg. von Franz Pfeiffer, Leipzig 1957/Aalen 1962.

Sehnsucht nach

TROST

„Sie ist einfach untröstlich", sagt mir der Mann mit Blick auf seine Frau. Vor einigen Monaten habe ich ihre Tochter beerdigt. Sie findet angesichts dieses Todes, angesichts dieses Verlusts keinen Trost. Alleine fühlt sie sich, verlassen. Und niemand ist da, der sie aufrichten kann. Eine entsetzliche Leere hat sich aufgetan. Sie findet aus der Spirale von Unglück, Angst, Verlassensein einfach nicht heraus. Trostlos ist ihr Leben geworden. Traurig, grau, ohne Ziel, ohne Farben, ohne Glück. Alles hat ihr diese Tochter bedeutet. Was soll nach diesem Verlust noch Freude bringen, dem Leben Sinn geben? Sie ist das Leben leid. Sie mag nicht mehr.

Wer trostlos ist, befindet sich abseits des pulsierenden Lebens. *Er* gehört nicht dazu. *Sie* ist kein Zentrum der Kommunikation mehr. Ohne Trost sein, das ist fast wie „nicht ganz bei Trost sein". Es macht zum Außenseiter. Es macht zur „schwierigen" Person.

Trost ist bei alledem ein sehr schönes Wort, finde ich. Meine besten Momente als Mutter hatte ich, wenn ich trösten konnte: „Es ist nicht so schlimm, wie du glaubst, wir schaffen das schon." Oder: „Lass mich auf dein aufgeschlagenes Knie pusten. Ich summe eine kleine Melodie dazu und es tut nicht mehr so weh." „Du armes Kind hast so ein schlimmes Erlebnis gehabt, ich nehme dich in den Arm und halte dich fest." Es ist eine wunderbare Erfahrung, trösten zu können. Eine Erfahrung, die auch über die eigenen Kinder hinausgeht. Wenn ich als Pfarrerin bei einer Beerdigung das Gefühl hatte, Worte finden zu dürfen, die Menschen, die trauern und verzweifelt sind, Trost bringen, war ich froh und zufrieden mit mir, mit meinem Beruf und dankbar für den Glauben, den ich weitergeben durfte. Ja, es ist ein gutes Gefühl, trösten zu dürfen.

Und wie wunderbar ist es, getröstet zu werden. „Ich will euch trösten, wie einen seine Mutter tröstet", heißt es beim Propheten Jesaja (66,13). Was für ein bewegendes Gottesbild! Gott als tröstende Mutter … Gott nimmt mich in die Arme mit all meinem Kummer, meiner Einsamkeit, mit all meiner Verzweiflung und mit all meinen Fragen. Ich darf weinen um meine Verluste, kann schluchzen, erzählen, meinem Jammer freien Lauf lassen. Und werde nicht verurteilt, nicht beurteilt, muss mich nicht zusammenreißen, sondern darf einfach jetzt so sein. Jeder Mensch auf dieser Welt wird begreifen, was das heißt. Auf diese Weise getröstet zu werden, das bleibt wohl eine lebenslange Sehnsucht. So wie die Mutter, die das Kind in den Arm nimmt, das sich verletzt hat. Wie der Vater, der tröstet, wenn die Schulklausur danebengegangen ist. Wie die Mutter, die die Tochter beim ersten Liebeskummer in den Arm nimmt. „Komm erst einmal her und lass dich trösten." Das heißt auch, ich muss nicht gleich Lösungen finden, es ist jetzt nur Zeit für liebevollen Trost. Das Kind weiß, es ist angenommen, gehalten, mit allen Fehlern und aller Verletzung.

Danach sehnen wir uns auch als Erwachsene: dass uns jemand hält und trägt. Und doch erleben wir so oft Enttäuschungen. Je älter Menschen werden, desto weniger wagen sie es wohl, solchen Trost zu erbitten, zu erhoffen, sich einfach fraglos fallen zu lassen. Da ist dann eher Selbstkontrolle angesagt: „Reiß dich zusammen!" Oder die Attitüde: „Ich schaff das schon!" Wer Trost braucht, zeigt Schwäche. Und eine solche Schwäche ist in einer Gesellschaft, die auf Stärke und Leistungsfähigkeit setzt, nicht angesagt. Wer könnte denn zu seinem Arbeitgeber kommen und sagen: „Ich brauche Trost!" Schon in der Nachbarschaft wäre das mancherorts schwierig. Trost suchen heißt: „Ich habe Kummer, ich leide, ich schaffe es nicht allein. Ich brauche euch anderen." In einer solidarischen, liebevollen Gemeinschaft wäre dafür Raum – Raum für Gefühle wie Angst, Trauer und Verlust, die in unserer Gesellschaft so einsam machen. Und wie menschlich, überzeugend, hinreißend, erstrebenswert wäre eine Gesellschaft, die trösten kann!

Der Engel mit seinem gebrochenen Flügel von Eberhard Münch rührt mich bei diesen Gedanken ganz besonders an. Geradezu erstaunt scheint er, dass dieser Flügel gebrochen ist. Sein Leben, das eigene Sein, die Engelexistenz sind offenbar verwundet. Das Rot zeigt auf nahezu brutale Weise die Bruchstelle. Nichts ist mehr heil oder ganz. Er wirkt so verletzt, so untröstlich – vielleicht auch, weil er keinen Trost spenden kann. Trösten können wir ja gewöhnlich aus einer Position der Kraft, der Stärke heraus. Es ist schön, trösten zu können – weil ich so geben kann und auch weil ich weiß, jemand vertraut sich mir so ganz und gar an.

Wer hingegen Trost braucht, befindet sich immer in einer ungeschützten Lebenslage. Es sind die großen Verletzungen der enttäuschten Liebe, der verlorenen Lebenschance, der ungetrockneten Tränen, der Krankheit, des Todes, die uns einsam machen. Es sind die gebrochenen Herzen, die geplatzten Träume, die verlorenen Hoffnungen, die unerfüllten Pläne in jedem Leben. Gebrochen. Zerbrochen. Das ruft die tiefe Sehnsucht nach Trost in uns wach.

Was aber das menschliche Auge als Sackgasse oder Scheitern sieht, kann das Auge des Glaubens als Lebenstiefe erkennen. Die Welt ist eben kein perfekter Ort und Menschen sind nicht fehlerfrei. Das Leben ist nicht makellos. Genau da tröstet uns Gott: „Dein Leben ergibt Sinn, auch wo du mit Angst und Verlust kämpfen musst." Glaube kann trösten. Nein, nicht *ver*trösten auf ein vermeintlich besseres Jenseits. So wird Glaube ja oft dargestellt: als ein Notnagel für Menschen, die sich vor dem Tod fürchten. Das „Opium des Volkes" sozusagen, mit dem Menschen sich selbst betäuben, um die Welt besser ertragen zu können. Aber Glaube führt in letzter Konsequenz gerade eben nicht zu einer Art Weltflucht. Er vertröstet nicht auf ein besseres Jenseits, um sich mit den Ungerechtigkeiten der Welt abzufinden. Stattdessen hat er eine radikale Freiheit im Gepäck – die Freiheit, sich in die Gesellschaft einzumischen, klar einzutreten für Gerechtigkeit schon in dieser Welt, weil nur so eine Spur von Gottes zukünftiger Welt gelegt wird. Weil die Todesangst überwunden ist, entsteht eine radikale Freude am Leben, die dafür streitet, dass Menschen das Leben in Fülle haben. Alle Menschen, nicht nur eine Elite der Menschheit.

Als ganz besonders trostreich haben viele Menschen ein Gedicht von Dietrich Bonhoeffer empfunden. Er schreibt in „Von guten Mächten wunderbar geborgen" davon, dass wir getröstet in ein neues Jahr gehen können. Getröstet, das sagt er, der im Gefängnis sitzt und Angst um sein Leben haben muss, im Dezember 1944 seinen Lieben und auch sich selbst zu. Weil ihn der Glaube an Gott tröstet, ihn stark macht. Christinnen und Christen müssen nicht untröstlich sein, weil sie auch in den schwersten Zeiten ihres Lebens die Erfahrung von Gottes Nähe machen können.

Von guten Mächten
Von guten Mächten treu und still umgeben,
behütet und getröstet wunderbar,
so will ich diese Tage mit euch leben
und mit euch gehen in ein neues Jahr.

Von guten Mächten wunderbar geborgen,
erwarten wir getrost, was kommen mag.
Gott ist mit uns am Abend und am Morgen
*und ganz gewiss an jedem neuen Tag.**

Getrost sein. Das hört sich nach einer wunderbaren Lebenshaltung an. Für mich ist es eine Glaubenshaltung. Getrost. Ich bin ganz bei Trost. Getrost. Getröstet und ermutigt.

Vielleicht lässt sich über Trost gar nicht schreiben oder reden. Vielleicht lässt sich Trost nur erfahren, erspüren, erdichten, er-

---

* Dietrich Bonhoeffer, Widerstand und Ergebung, © 1998, Gütersloher Verlagshaus, Gütersloh, in der Verlagsgruppe Random House GmbH.

singen. Trost ist ein Vorgang, ein Beziehungsgeschehen zwischen Menschen oder zwischen Mensch und Gott. Gerade wenn unsere Flügel gebrochen sind, wir „on broken wings" – mit gebrochenen Flügeln – leben müssen, sind wir ja dünnhäutig, anfällig für Kritik, wissen nicht, wie es weitergehen soll. Wir haben das tiefe Bedürfnis nach Nähe und Gehaltensein, danach, uns anvertrauen zu können. Eine Schulter zum Anlehnen suchen wir, einen Platz, an dem wir Zuflucht finden können. Ohne Fragen, ohne Problemgespräche, nur die Erfahrung des Angenommenseins. Ein Ohr, das zuhört. Jemand, der annimmt, ohne zu urteilen. Ein Raum ohne Lösungsvorschläge, frei von allen Wegweisungen. Schlicht in den Arm genommen werden will ein Mensch, der Trost sucht.

Friedrich Spee hat das in einem meiner liebsten Weihnachtslieder wunderbar in Worte gefasst. Er lebte zu Beginn des 17. Jahrhunderts (1591–1635) und erfuhr unendlich viel Not: den Dreißigjährigen Krieg, die Pest, Hexenverbrennungen. Gerade die als Hexen verurteilten Frauen, die er auf ihrem Weg zum Scheiterhaufen begleitet hat, rührten ihn, den jungen Jesuitenpater, zutiefst an. Es war eine furchtbare Erfahrung für ihn. In den Verbrennungen sah er Finsternis und Jammertal, nicht Gottesurteile oder gar Recht. Es war ihm bewusst, dass Menschen Gott für ihre eigene Macht oder als Vollstrecker menschlicher Wahnvorstellungen missbrauchten. Um Hoffnung und Trost ging es ihm daher in seinen Liedern. „O Heiland, reiß die Himmel auf", dichtete er in Anlehnung an Jesaja 45, Vers 8 – ein Schrei nach Trost.

O Heiland, reiß die Himmel auf,
Herab, herab vom Himmel lauf!
Reiß ab vom Himmel Tor und Tür,
Reiß ab, wo Schloss und Riegel für!

Wo bleibst du, Trost der ganzen Welt,
Darauf sie all' ihr' Hoffnung stellt?
O komm, ach komm vom höchsten Saal,
Komm, tröst uns hie im Jammertal.[*]

Wo bleibst du, Trost der ganzen Welt? Spees Frage ist oft auch unsere Frage. Wie kann es in dieser Welt so viel Trostlosigkeit geben? Vielleicht müssen wir diese Frage unbeantwortet stehen lassen und den gebrochenen Flügel als Teil des Lebens akzeptieren. Die Sehnsucht nach Trost mag uns umtreiben, selbst andere Menschen zu trösten. Wir können uns dafür öffnen, selbst Tröstende zu sein. Offen hinschauen, wo andere mit ihrem Kummer ringen. Und doch immer wieder darauf hoffen, dass auch wir getröstet werden. Dazu gehört auch der Mut, sich anzuvertrauen und zu öffnen. Vielleicht ist da jemand, der uns gern trösten würde, aber wir sind gar nicht offen dafür. Trost ist nicht das Ende von Leid, aber die tiefe Erfahrung, dass ich mit meinem Leid angenommen und umarmt werde. Von anderen Menschen. Und von Gott.

Offenbar geht es dabei vor allem um Hoffnung, die Trost ermöglicht. Adolph Kolping sagte: „Wie übel wären wir dran, wenn unsere Hoffnung auf Menschen ruhte!" Ja, wie übel wären wir dran, wenn Hoffnung derart begrenzt wäre.

Als Seelsorgerin habe ich in dieser Hinsicht viel erlebt. Beispielsweise den achtundsiebzigjährigen Mann, der im Sterben liegt. Tochter, Enkel und Freunde sind erschüttert. Sie können nicht begreifen, dass der Tod in ihrem Leben tatsächlich Realität werden wird. Und der alte Herr scheint selbst erschüttert. Er sei doch erst achtundsiebzig. Damit habe er nun noch gar nicht gerechnet ...

---

[*] O Heiland, reiß die Himmel auf; Text: Friedrich Spee von Langenfeld 1635, David Gregor Corner 1648; Musik: 17. Jahrhundert.

Oder eine Umfrage im Fernsehen zur aktiven Sterbehilfe: „Haben Sie über Ihr Sterben gesprochen?", wird ein Mann gefragt, der eine alte Frau im Rollstuhl fährt. „Nein", sagt er, „meine Mutter ist erst 89, da kommt man doch auf so etwas nicht."

Dem Thema „Sterben" weichen die meisten Menschen aus. Und das ist traurig! Denn dadurch entgeht ihnen schlicht eine wunderbare Möglichkeit: über die Tiefe des Lebens zu sprechen. Wer ein Gespräch über den Tod beginnt und nicht ausweicht, wird überwältigende Entdeckungen machen. „Wie will ich sterben?" Das ist eine Frage, die „man" nicht stellt. Und dabei gäbe es so viel darüber zu sprechen. Darauf weist schon Psalm 90 hin, in dem es heißt: „Lehre uns bedenken, dass wir sterben müssen, auf dass wir klug werden."

Um Lebensklugheit geht es doch auch heute, da ist der Psalmbeter ganz aktuell! Denn das entspricht meiner Erfahrung: Wann immer ich als Pastorin mit einem Menschen sprechen durfte, der wusste, er würde sterben, hat mich das innerlich tief berührt. Jeder Sterbeprozess, den ich begleiten konnte, hat mein Leben bereichert. Wenn jemand weiß, dass er sterben wird, und sich auch bewusst ist, dass sein Gegenüber dies ebenfalls weiß, dann verändert sich das Gespräch. Es wird tiefgründig, existenziell.

Ich erinnere mich an einen guten Freund Mitte vierzig. Er hatte Krebs, er wusste, es gab keine Chance, und bat mich, ihn zu beerdigen. Diesen Abend mit ihm auf seinem Balkon werde ich nicht vergessen. Er hat mich zutiefst bereichert. Fast hat *er* mehr mich getröstet als *ich* ihn. Aber es kam auch etwas auf von der Glaubensheiterkeit, von der der Theologe und Dichter Philipp Spitta sprach. Für mich ist das ein wunderbarer Begriff, denn er drückt etwas davon aus, dass Menschen, die an Auferstehung glauben, eine besondere Lebenshaltung haben, eine andere Leichtigkeit. „Tod, wo ist dein Stachel?" – diese Frage des Paulus (1. Korinther 15,55) drückt solche Glaubensheiterkeit oder auch -leichtigkeit aus. Da wird das Schwere im Leben, Angst und

Furcht nicht verleugnet. Aber sie erscheinen in einem anderen Licht. Im Gespräch haben wir darüber geredet, wo der Freund wohl sein würde, wie die Zukunft im Leben nach diesem Leben aussähe, wie wir an unsere Familie denken, was wir erhoffen, was wir befürchten und was wir lieber Gott überlassen.

Wer weiß, dass er bald sterben wird, legt so manche der Konventionen ab, die uns voneinander fernhalten. Wie oft versuchen wir, Fassaden aufrechtzuerhalten, wenn wir miteinander reden. Wir wollen etwas darstellen. Nicht das Gesicht verlieren. Uns nicht gehen lassen. Wer hingegen über Sterben und Tod redet, über die Frage, ob wir denn hoffen, dass uns nach dem Tod noch etwas erwartet, schlägt einen völlig anderen Ton an. Da wird es nun wahrhaftig persönlich. Wenn Menschen aber wagen, darüber zu sprechen, wird es ihre Beziehung ungeheuer bereichern. Es entsteht eine neue Dimension des Miteinanders, weil die tiefsten Ängste und Hoffnungen miteinander geteilt werden. Ich kann Familien, Freundinnen, Partner nur zu solchen Gesprächen ermutigen. Wenn wir die erste Hemmschwelle überwunden haben, werden sie eine tief gehende Bereicherung sein. Wenn Menschen es wagen, das eigene Sterben oder das Sterben anderer zu thematisieren, eröffnet das einen völlig neuen Lebenshorizont.

Auch Trauer kann uns helfen, das Leben in seiner ganzen Tiefe wahrzunehmen. Das ist schon bei kleiner Trauer und geringem Verlust so. Ich erinnere mich an den Tod meines letzten Hundes. Gut, das kommt manchen vielleicht etwas merkwürdig vor. Aber er war ein treuer Begleiter, mit einem ganz eigensinnigen Charakter. Obwohl er ein großes schwarzes Tier war (eine Mischung zwischen Husky und Schäferhund), das viele Menschen eher erschreckte, war er in Wirklichkeit lammfromm und eher verspielt wie ein Kater. Als er starb, hätte ich durchaus sagen können: „Nur ein Hund, so what?!" Und doch war Ole nicht nur ein Hund. Er war ein Lebewesen mit einer eigenen Seele. An einem heißen Julitag reichten seine Kräfte nicht mehr und ich musste ihn einschläfern lassen. Gemeinsam mit meinen Töchtern habe ich bitter um ihn geweint. Ich wollte nicht Herrin über Tod und Leben sein; es war unendlich schwer, eine Entscheidung zu fällen und zu sagen: „Ja, erlösen Sie ihn." Die Tierärztin war äußerst sensibel und meinte: „Wissen Sie, wenn jemand so alt und lebenssatt und müde ist, warum dürfen wir dann nicht auch einem Menschen helfen, sanft zu sterben?"

Ja, warum? Ich denke, wenn es um das Thema „Sterben" geht, stehen wir vor einem hochsensiblen Balanceakt. In Diskussionen bin ich der Frage immer wieder begegnet: Warum darf jemand nicht sterben, wenn er sterben will? Muss es eine so hohe Selbstmordrate geben, die höher ist als die Zahl der Opfer bei Autounfällen in Deutschland? Mir ist es sehr wichtig, offen darüber zu sprechen. Wenn wir die Freiheit haben, über den Tod, unsere Hoffnungen auf ein Leben und Sterben in Würde und über ein Leben nach dem Tod zu sprechen, kann sich vieles ändern. Ja, es geht um eine Balance! Aktive Sterbehilfe, bei der Menschen Angst haben müssen, dass sie „beseitigt" werden, weil sie anderen zur Last fallen oder für die Pflegeversicherung zu teuer werden, ist mir ein Gräuel. Wir sollten aber offen über solche Themen sprechen, denn ich bin davon überzeugt, dass es eine Gesellschaft verändert, wenn aktive Sterbehilfe zur Normalität wird: Wie lange wird eine Demenzkranke versorgt? Wann ist das Leben eines Alzheimerkranken noch lebenswert? Wenn es hier um Hoffnung geht, hoffe ich, dass gerade in Deutschland Menschen die Würde jedes anderen Menschen sehen, respektieren und vehement und entschieden für sie eintreten.

Auf der anderen Seite der Diskussion steht jedoch die Frage des Respektes vor dem Wunsch zu sterben. Kategorisch jede passive Sterbehilfe abzulehnen, geht meines Erachtens an der Sehnsucht vieler Menschen vorbei. Wenn ein Mensch weiß, dass sein Leben zu Ende geht, und er nicht alle Schrecken und Schmerzen der letzten Phase erleiden will, muss und darf es auch im christlichen

Sinne eine Möglichkeit geben, schmerzfrei in den Tod zu gehen. Das kann durch Palliativmedizin möglich sein. Das kann durch die Geborgenheit in einem Hospiz eröffnet werden. Die Beachtung einer Patientenverfügung wird ebenfalls dafür hilfreich sein. Und die verabredete Beendigung lebenserhaltender Maßnahmen erscheint mir ebenso als verantwortliche, meist ja sogar durch ein Konsilium beratene Erleichterung des Sterbens.

Ich bin mir durchaus bewusst, dass dieses Thema sehr brisant ist. Aber gerade dann, wenn wir die Hoffnung auf Auferstehung haben, dürfen wir dem Gespräch darüber nicht ausweichen! Ich persönlich wünsche mir, dass ich angesichts eines unausweichlichen und schmerzhaften Todes eine Grenze setzen darf. Ja, ich werde sterben. Und ich bin überzeugt: Gott gibt mir die Freiheit, diese Lebenserfahrung zu machen, ohne all die Schmerzen erleiden zu müssen. Ich denke, dass unserer Gesellschaft an diesem Punkt noch ein massiver Diskussionsprozess bevorsteht! Etwa: Warum wird jemandem eine Magensonde gelegt, wenn er Nahrung verweigert? Will diese Person vielleicht sterben und signalisiert das, indem sie weder Essen noch Flüssigkeit zu sich nimmt? Wer hat das Recht, das zu ignorieren? Warum darf ein Mensch nicht die Morphiumdosis selbst bestimmen am Ende einer Krebserkrankung und vielleicht irgendwann das Schmerzmittel so hoch dosieren, dass der Tod eintritt? Wer will das mit welchem Argument verhindern? Gleichzeitig leben wir in einer Machergesellschaft. Da macht es Menschen Angst, einem System ausgeliefert zu sein. Was, wenn beschlossen wird, du belastest das Gesundheitssystem zu sehr? Was, wenn du noch gar nicht sterben willst, aber siehst, dass deine Familie mit der Pflege derart belastet ist, dass du ihr das ersparen willst? „Selig sind die Barmherzigen, denn sie werden Barmherzigkeit erlangen", sagt Jesus in der Bergpredigt. Daran sollten wir uns orientieren.

Einmal wurde ich in ein Hospiz gebeten. Eine Frau lag im Sterben. Bei ihr war die Tochter ihres ehemaligen Geliebten.

Eine merkwürdige Konstellation, aber das Leben spielt manchmal schlicht so. Die Eltern dieser Frau waren verstorben, doch die „ehemalige Geliebte" brauchte nun Beistand und wünschte ihn sich von ebenjener Frau. Ich konnte nur kurz kommen und habe sicher nicht alles erfasst. Aber die Frau starb noch in derselben Nacht. Die Tochter ihres Geliebten sagte mir später, auf spürbare Weise hätte sie Befreiung dadurch erlebt, dass ich als Bischöfin beim Abschied gesagt hatte: „Ich wünsche Ihnen Gottes Segen." Für sie war dieser Satz offensichtlich wie eine Absolution und sie konnte in Frieden Abschied nehmen. Mit der Hoffnung auf Vergebung und Erlösung…

Warum fällt es uns nur so schwer, über den eigenen Tod, den Tod anderer, unsere Hoffnung für unser Leben und Sterben und ein Leben nach dem Sterben zu reden? Ich denke, der zentrale Faktor ist Angst. Der evangelische Theologe Heinz Zahrnt war jemand, der das mit seiner bemerkenswerten Sprachkraft konnte. In seinem Buch „Glaube unter leerem Himmel" erzählte er davon, was es bedeutet, wenn die *allgemeine* Gewissheit, dass unser Leben endlich ist, zur *persönlichen* Erkenntnis wird. Als wir uns kennenlernten, mochte er mich nicht. Mit etwas spöttischem Unterton titulierte er mich immer als „meine liebe Frau Generalsekretärin"; daraus wurde im Laufe der Jahre „meine Liebe" und wir gingen oft miteinander essen. Eines Tages rief er mich an und fragte: „Liebes, würden Sie mich beerdigen?" Diese Bitte hat mich sehr gerührt, denn uns trennte eine Generation. Und ich bewundere bis heute, wie es ihm gelungen ist, über sein eigenes Sterben, seinen Tod in einer Weise zu reden, die der Hoffnung Raum gibt. Er, der rationale Theologe, sprach davon, dass der Arzt wohl „Exitus" sagen mag, unser Glaube aber „Introitus" erklärt. Statt Ende und aus also Eingang in eine neue Existenz. Mich hat das bewegt. Und seine Beerdigung war denn auch fröhlich. In der Ansprache meinte ich, dass Heinz Zahrnt wahrscheinlich Gott nun all die Fragen stellte, die er immer schon stellen wollte, und dabei wohl nicht lockerließe. Heiterkeit kam auf in der Trauergemeinde, weil wir uns das alle lebhaft vorstellen konnten.

Warum können wir nicht über unser Sterben reden? Ich würde gern in Ruhe sterben. Nicht plötzlich, wie es Mode geworden ist, weil wir uns alle vor dem langsamen, qualvollen Sterben fürchten. Nein, ich würde gern in Ruhe alles regeln und Abschied nehmen. Vielleicht mit meinen Töchtern überlegen, welcher Friedhof, welcher Pastor, welches Lied. Und dann sagen dürfen, was ich nicht ungesagt lassen will. Das ist Gnade. Und ich möchte auch sagen können, dass ich die Hoffnung habe, dass es ein Leben gibt nach unserer Zeit und Welt. Ein Leben ohne all den Druck. Ein Sein bei Gott.

Die Bibel spricht manchmal davon, dass Gott unter uns wohnen will (2. Mose 29,45). Dieser Gedanke hat mich schon oft fasziniert. Gott als Nachbarin sozusagen, bei der ich vorbeischauen kann. Der Psalmist sagt, dass Gerechtigkeit und Frieden sich küssen werden (Psalm 85,11) – all das Ringen um Miteinander wird also ein Ende haben. An anderer Stelle werden wir auch damit getröstet, dass irgendwann einmal alle Tränen abgewischt werden (Offenbarung 21,4). Solche Bilder besitzen eine ungeheure Hoffnungskraft! Über den Tod hinaus, aber auch für ein Leben auf dieser Erde, in unserer Zeit und Welt.

Wer an den Tod zu denken wagt – an den eigenen wie an den von Menschen, die er liebt –, findet Kraft zum Hoffen. Wer es wagt, die Verletzlichkeit eines Menschen im Angesicht des Todes mitzuerleben und dessen unerwartete Sanftheit, erkennt, dass uns nicht nur Schrecken begleitet, sondern auch Hoffnung. Eine Hoffnung auf einen tiefen inneren Frieden nach all den Kämpfen dieser Welt. Und zugleich auch eine Hoffnung auf Auferstehung in Gottes Zukunft, von der nur Gott allein weiß, wie sie aussehen mag. Das tröstet – im besten Sinne.

Sehnsucht nach

GEBORGENHEIT

Das zentrale Sinnbild von Geborgenheit ist wahrscheinlich der Mutterleib. Da war ich geschützt, warm gehalten, wurde sanft vom Fruchtwasser hin und her gewiegt. So mancher Psychologe sagt, das sei der Ursprung jener Sehnsucht. Und eine Frau, die ein Kind in sich wachsen spürt, wird diese Geborgenheit wahrnehmen. Es hat sich auch im 21. Jahrhundert nichts daran geändert, dass dies immer noch ein Wunder ist – auch wenn die Schwangerschaft schwierig oder unerwünscht ist oder von Furcht begleitet. Ein Mensch geborgen in einem anderen Menschen – welch eine Erfahrung! Und wir haben sie alle gemacht …

Diese Sehnsucht nach Geborgenheit wird uns ein Leben lang nicht loslassen. Wir möchten irgendwo zugehörig sein, wünschen uns dieses Gefühl, gehalten zu sein, ohne uns erklären zu müssen, ohne Rückfragen, einfach sein können, ohne etwas leisten zu müssen. Ich erinnere mich noch gut daran, wie ich meine jüngste Tochter zum letzten Mal stillte. Mir war bewusst, es würde nach den drei älteren Geschwistern das letzte Mal sein, dass ich diese Erfahrung machen konnte. Die Beziehung zwischen Mutter und Kind wird nie wieder so intensiv sein, so tiefgehend Gespräche und Austausch später auch sein mögen. Keine Angst, ich will das Muttersein nicht idealisieren. Aber die Situation des Stillens ist nach der Schwangerschaft eine weitere Erfahrung tiefer Geborgenheit. Dass Stillen auch etwas mit Stille zu tun hat, musste ich erst lernen. Meine erste Tochter kam noch während meines Studiums zur Welt, und damals fand ich diesen Gedanken albern, dass es einen Bezug zwischen Stille und Stillen geben könnte. Es war die Zeit, in der fast provokativ immer und überall – auch an öffentlichen Orten – gestillt wurde (als ich zu einem Besuch in der DDR war, habe ich damit ein wahres Ärgernis verursacht). Wie kostbar aber diese besondere Phase ist und dass der alte Ausspruch: „Stillzeit ist stille Zeit" nicht von gestern ist, sondern noch hochaktuell, begriff ich erst mit der Zeit und konnte es schließlich zehn Jahre später bei der Geburt des letzten Kindes bewusst wahrnehmen. Schon der Psalmbeter weiß von dieser Dimension der Geborgenheit und beschreibt sie mit den Worten: „Du hast mich aus meiner Mutter Leibe gezogen; du ließest mich geborgen sein an der Brust meiner Mutter" (Psalm 22,10). Schließlich aber werden sich Mutter wie Kind langsam aus dieser so intensiven Geborgenheitsbeziehung lösen müssen …

Geborgenheit meint ein Wohlgefühl, das nicht durch Sicherheit hervorgerufen wird, sondern die Erfahrung von Wärme, innerem Frieden, Ruhe und Nähe. Als ich versucht habe, einer Amerikanerin zu erklären, worüber ich in diesen Tagen schreibe, habe ich gemerkt: Es gibt im Englischen eigentlich gar keinen angemessenen Begriff dafür. Und so fand ich es auch gar nicht verwunderlich, dass der Deutsche Sprachrat und das Goethe-Institut „Geborgenheit" 2004 im Rahmen eines internationalen Wettbewerbs zum zweitschönsten Wort der deutschen Sprache kürten. Eine Frau aus der Slowakei hatte den Begriff vorgeschlagen, weil er in ihrer Sprache nicht vorkomme …

Der Begriff „Geborgenheit" scheint auf den ersten Blick vielleicht etwas romantisch oder emotional oder auch altmodisch. Auf dramatische und höchst aktuelle Weise wurde jedoch deutlich, was „bergen" bzw. „geborgen werden" bedeutet, als chilenische Bergleute im Sommer 2010 in einem Schacht tief unter der Erde eingeschlossen waren. Sie überlebten das Unglück, hausten nun aber weit unter der Erde. Zum Glück gab es nach zwei Wochen Kontakt zur Außenwelt. 69 Tage waren die 33 Männer eingeschlossen. Und endlich, am 12. und 13. Oktober, wurden sie geborgen, einer nach dem anderen. Eine Rettungskapsel machte die Bergung möglich. Fernsehsender aus der ganzen Welt berichteten über dieses Ereignis. Menschen fieberten mit, beteten, hatten Angst, und am Ende brach sich unter Tränen überschwänglicher Jubel Bahn. Ich denke, dass deshalb so viele Menschen rund um den Globus diese Ereignisse verfolgt haben, weil die Sehnsucht, jemanden zu bergen oder selbst geborgen zu sein, so groß ist. Und selbst wenn solch wundersame Bergung nicht gelingt, wollen wir doch die Toten bergen – damit sie einen Ort finden, an dem sie Ruhe finden, wir sie betrauern können.

Aber was passiert, wenn wir dieses Gefühl verlieren, wenn wir uns ungeborgen fühlen, unbehaust? Es gibt diese Erfahrung, dass wir als Erwachsene auf einmal ein tiefes Gefühl von Verlorenheit erleben. Da entsteht eine Sehnsucht nach einem geschützten Raum, nach Zugehörigkeit. Martin Luther hat diese Sehnsucht vor fast 500 Jahren in seinem Lied „Ein feste Burg ist unser Gott" festgehalten. „Du liebe Zeit, können wir da heute wirklich unbefangen einstimmen?", mögen Sie denken. In der Tat, dieses Lied, das Luther 1529 nach Psalm 46 dichtete, es ist uns doch etwas unbehaglich geworden. Deutsch-national wurde es vereinnahmt; der deutsche Protestantismus hat Luther und die eigene Existenz heroisiert. Vor allem die Kampfmetaphorik hat manchem die Stimme versagen lassen, wenn es nach jener Zeit des Krieges angestimmt wurde. Niemand wollte mehr Hymnen, die davon singen, dass Gut, Weib, Ehr' und Kind dahinfahren sollen; so viele Menschen hatten schließlich alles verloren. Die Deutschen waren nach 1945 der Kampfrhetorik müde; sie waren es leid, so etwas zu singen.

So bin ich mit der Überzeugung aufgewachsen, dass dieses Lied lieber nicht zu singen wäre. 1985 aber reiste ich nach Argentinien, um dort an einer Sitzung des Zentralausschusses des Ökumenischen Rates der Kirchen teilzunehmen. Die Evangelische Kirche in Argentinien war in der Zeit des Militärregimes durch so manche Anfechtung gegangen. Die Militärdiktatur war durchaus von vielen unterstützt worden; andere hatten sich aber tapfer unter die Dissidenten eingereiht. Am bekanntesten sind heute noch die tapferen Mütter auf der Plaza de Mayo, die seit 1977 das Verschwinden ihrer Kinder öffentlich machen. Sie forderten die Militärdiktatur heraus, indem sie Woche für Woche eine halbe Stunde stumm den Platz umrundeten, in den Händen

Banner und Plakate mit den Namen und Bildern ihrer Kinder. Ihr Kennzeichen ist noch heute das aus Trauer und Protest getragene weiße Kopftuch, das zum Symbol ihres Widerstandes und Kampfes für Gerechtigkeit wurde. Wir begleiteten sie an einem der Nachmittage und ich war zutiefst berührt.

Schließlich fand ich mich in einer Halle mit mehreren Tausend Menschen wieder, die am Ende der Versammlung aufstanden und laut und schmetternd sangen: „Ein feste Burg ist unser Gott." Mir hat es damals fast die Sprache verschlagen. Passt das denn zusammen? Ein solches Schutz- und Trutz-Lied? Ein solches Kampflied von Wehr und Waffen, von der Vernichtung des Feindes und von einem Gott, der für uns streitet?

Ich habe mich dem Lied in der Vergangenheit wieder angenähert und es an Reformationstagen in Gottesdiensten auch singen lassen. Was hat Luther wohl gemeint? Ich denke, dass wir uns zunächst klarmachen müssen, dass dieses Lied reale Ohnmachtserfahrungen besingt. Menschen erleben, dass sie Geburt und Tod, Krankheit und Gesundheit, Gelingen und Versagen, politischen und wirtschaftlichen Entwicklungen ohnmächtig gegenüberstehen. Der Angst vor einer Krebserkrankung beispielsweise. Vor dem plötzlichen Tod eines geliebten Menschen. Vor der Erfahrung von Ausgrenzung durch Arbeitslosigkeit. Oder dieses tiefe Ohnmachtsgefühl, wenn wir sehen, dass in unserem Land auch heute jüdische Mahnmale geschändet werden, Jüdinnen und Juden sich bedroht fühlen müssen. Was für ein Ohnmachtsgefühl! Ich habe schon Briefe erhalten, in denen Menschen mich übel beschimpft haben, weil ich sagte, dass wir dafür dankbar sein können, dass es bei uns wieder jüdische Gemeinden gibt. Viel zu oft muss ich erleben, dass es in Deutschland für Menschen anderen Glaubens, anderer Herkunft oder anderer Hautfarbe keine Geborgenheit gibt, und dann fühle auch ich mich ohnmächtig, schäme mich oder bin erschrocken darüber, dass alles menschliche Streben und Erklären und alle Vernunft augenscheinlich wenig bewirken.

Oder blicken wir in diesen Tagen auf Israel. Welche Enttäuschung, welche Ohnmacht. Ein Friedensprozess, den viele Menschen intensiv begleitet haben. Auf allen Seiten wohlgemerkt! Palästinenser und Israelis, Juden, Christen und Muslime. Ja, es betrifft uns Not, und der „altböse Feind", er meint es durchaus ernst. Macht und Grausamkeit zeichnen das Böse aus. Ich bin überzeugt, Luther ist hier ganz realistisch. Er würde wahrscheinlich sagen, dass wir durchaus Teufelserfahrungen machen; wir würden heute eher formulieren: Das Böse ist existent.

Ich werde oft gefragt: „Wie denn? Gibt es Gott etwa nicht?" Ja, aber die Welt ist trotzdem angefüllt von all dem Bösen und immer wieder sind wir mit unserer Ohnmacht konfrontiert. Wir leben nicht in einer erlösten Welt, sondern in der Welt nach der Vertreibung aus dem Paradies. „Mit unserer Macht ist nichts getan." Nein, wir sind nicht mächtig. Wir können strampeln und streiten und unser Bestes geben, aber mit all unserer Leistung und unserer Macht werden wir dennoch keinen Himmel auf Erden schaffen. So zeichnet Luther ein bis heute realistisches Menschen- und Weltbild. Menschen bleiben tatsächlich auf grausame, auf traurige Weise ungeborgen und unbehaust.

Also muss Gott für uns streiten. Ohnmachtserfahrung und Gottvertrauen gehören für Luther ganz eng zusammen. Wir singen: „Und wenn die Welt voll Teufel wär'." Sie ist eben nicht voll Teufel, im tiefsten Sinne nicht. Im tiefsten Sinne ist es Gottes Welt, Gottes hilfreiche Macht können wir erfahren. Der „Fürst dieser Welt" – das Böse also, das, was sich gegen Gott stellt – kann uns letzten Endes nichts anhaben. Luther stellt neben die Ohnmachtserfahrung entschieden die Glaubenserfahrung. Und diese Glaubenserfahrung ist nun gerade in dem erfahrbar, der eben *nicht* durch Nachgeben oder Verharmlosen, sondern durch seine Schwäche, durch seine Aufopferung den Kreislauf der Gewalt und Gegengewalt durchbricht. „Fragst du, wer der ist? Er heißt Jesus Christ." Der, der dem Teufel, dem Bösen, wie wir sagen, Paroli bietet, ist der sterbende Mann am Kreuz. Das ist das Kind, das in einem Stall zur Welt kommt. In Christus wird der Kreislauf des Bösen durchbrochen. Dieser Widerspruch treibt Christinnen und Christen immer wieder neu an. Er motiviert sie, auch trotz der Ohnmachtsgefühle aktiv zu werden. Bringt Christinnen und Christen in Palästina dazu, trotz aller Steine und Geschosse von Frieden zu reden. Bringt eine Mutter dazu, auf der Plaza de Mayo zu demonstrieren. Ermutigt christliche Gemeinden in Deutschland, sich an die Seite der jüdischen Gemeinden zu stellen. Lässt sie dafür eintreten, dass Muslime ihren Glauben in unserem Land frei leben können. Gibt ihnen Widerstandskraft gegen all die Häme, die „Weltverbesserern" entgegenschlägt.

Heute ist dieses Lied für mich nicht länger ein Trutz- oder Protestlied, sondern ein Lied des Trostes, das von der Sehnsucht nach Geborgenheit handelt. Es stellt eben nicht die böse Welt den guten Christen gegenüber, sondern beschreibt reale Erfahrungen, die jeder von uns in seinem Leben macht. Das Gute und das Böse kämpfen in unserer Welt tatsächlich gegeneinander, und wir werden Maßstäbe aufstellen und mit aller Kraft für Gerechtigkeit, für Frieden, für Nachhaltigkeit eintreten müssen. Aber dieser Kampf zwischen Gut und Böse, zwischen Gott und Teufel findet auch in jedem Einzelnen statt. Luther kennt die Anfechtungen, denen wir in unserem eigenen Leben begegnen, nur allzu gut. Etwa, wenn Menschen denken: *Soll uns doch egal sein, was in Afrika passiert. Was geht's mich an, wenn da jemand verhungert oder stirbt? Meine Steuern sollen doch nicht zum Fenster rausgeschleudert werden.* Ja, mit dem Egoismus, mit der Selbstsucht, mit dem Bösen hat jeder Einzelne von uns auf seine Weise zu kämpfen.

Dieses Lied ist aber auch insofern ein Trostlied, dass es Gott als die feste Burg besingt, die uns Geborgenheit erfahren lässt wie im Mutterleib. Oder wie Psalm 46 sagt: Gott ist unser Schutz, unsere Zuflucht – was Luther in die Schutzburg umgedichtet hat. Gott als unser Refugium, von dem aus wir Stärke und Kraft für das Leben erfahren. Hier erfahren wir die Freiheit, Verantwortung zu übernehmen. Das ist die Freiheit des Wortes, des kleinen Wortes, der Heiligen Schrift, die das Böse fällen kann. Der Sinn meines Lebens, die Liebe Gottes, von dem kann mich nichts scheiden, das schreibt auch Paulus im Römerbrief. Wenn es also in der vierten Strophe heißt: „Nehmen sie den Leib, Gut, Ehr, Kind und Weib: lass fahren dahin, sie haben's kein' Gewinn", dann ist das keine Missachtung derer, die ich liebe, oder der Ziele, die mir etwas bedeuten. Vielmehr geht es darum: Selbst wenn mir alles genommen wird – das, woran mein Herz hängt, was mir alles bedeutet, meine Liebe, mein Besitz –, dann ist dennoch der Sinn meines Lebens nicht verloren, weil Gott diesem Leben Sinn gibt. Nicht das, was ich tue, und das, was ich habe, sondern Gott allein gibt meinem Leben Sinn. Das ist die zentrale Botschaft der Rechtfertigungslehre.

Ja, ein Trostlied. Ein Lied, das nicht mit Pathos daherkommt, wie es auf den ersten Blick scheint, sondern das Vertrauen auf Gott thematisiert, dafür begeistern, ja, dazu verlocken will.

Zwei Bögen will ich dazu noch schlagen. Der erste führt mich zur Weltausstellung 2000 in Hannover. Auf dieser EXPO wurde deutlich, dass Religion im 21. Jahrhundert noch lange nicht passé ist. Was die Reformatoren meinten, wenn sie von „semper reformanda" gesprochen haben, von der Erneuerung, von der stetigen Veränderung der reformatorischen Kirchen, wurde dort sichtbar. Die Menschen erlebten unseren Christus-Pavillon als Ort, der abseits von Trubel und Elektronik, von Computeranimation und Videosession sie selbst ansprach. Ein Ort, der etwas von der Menschenfreundlichkeit Gottes ausstrahlte. Ein Ort der Stille, des Stundengebetes, des Gottesdienstes. Übrigens auch ein Ort, an dem wir als evangelisch-lutherische Landeskirche die römisch-katholische Kirche als Schwesterkirche erlebten, an dem Ökumene praktiziert wurde, was auch immer der Vatikan darüber denken mag. Dieser Pavillon wurde für viele Menschen im Getümmel der Weltausstellung zu einem Ort der Geborgenheit. Sie zogen ihre Schuhe aus, fanden Stille, ein Gefühl der Geborgenheit und spürten, dass sie angenommen sind – jetzt und hier. Das war für mich ungeheuer ermutigend. Die christliche Religion ist präsent auch im 21. Jahrhundert. Unser tradierter Glaube und die über Jahrhunderte hinweg erprobten Rituale unseres Glaubens bergen konkrete Antworten für Menschen mitten in unserer Zeit und Welt.

Der zweite Bogen führt mich zu Johann Sebastian Bach und dessen wunderbarer Kantate zum Lutherlied „Ein feste Burg". Die Melodie ist außergewöhnlich, schon weil sie mit dem höchsten Ton beginnt. Zweimal von C bis C, ein kraftvoller Charakter, der die Glaubensaussage nahezu majestätisch gestaltet. Der Teufel in der Melodiepassage hat durchaus etwas Windendes, Schlangenhaftes. Bach hat das Bild von Kampf und Sieg aufgegriffen. Ich finde es bemerkenswert, auf welche Weise der Komponist den Akzent auf Christus verstärkt, ja, dass das Sündenthema von Bach betont wird. Das Vertrauen auf Gott als feste Burg, die unserem Leben Halt gibt, wird in einem Duett von Alt und Tenor ausgeführt, das barocke Verinnerlichungstendenzen aufzeigt: Wie selig sind doch die, die Gott im Munde tragen, doch seliger ist das Herz, das ihn im Glauben trägt – so interpretiert Bach Martin Luther.

Und so wie Bach Luthers Thema in seine Zeit hineingetragen hat, sind auch wir heute als Christinnen und Christen aufgerufen, die Botschaft von der Freiheit, zu der uns Christus befreit hat – so der Apostel Paulus –, die Botschaft von der Verantwortung, in die uns Gott stellt, die Lehre von der beständigen Erneuerung der Kirche, von der Rechtfertigung allein aus Glauben und dem Priestertum aller Gläubigen in unsere Zeit zu übersetzen. Ich bin überzeugt, dass die Reformation noch heute andauert. Wir brauchen eine kraftvolle Kirche, die Menschen Gott als Schutz nahebringt. Sicher nicht so sehr im Bild von Wehr und Waffen, aber doch als Ort der Geborgenheit mitten im Chaos des Lebens, als Kraftquelle in Zeiten der Schwäche, als Friedenssymbol in einer Zeit der Waffen und als Brot in einer Zeit der Armut.

Ja, wir spüren manches Mal im Leben Unbehaustsein. Wir haben eine Sehnsucht nach Zugehörigkeit und Geborgenheit. Ich bin davon überzeugt, dass der christliche Glaube uns einen solchen Ort bietet. Gemeinden können Ankerpunkte sein. Die alten Texte können uns verwurzeln und Geborgenheit schenken. Es braucht nur Mut, sich darauf einzulassen. Das wünsche ich Menschen, die in unserer Zeit auf der Suche nach Geborgenheit sind: dass sie diese in diesem alten Glauben finden können. Dass sie in den Wirren unserer Tage Zuflucht finden in dem Glauben, der Menschen seit Jahrtausenden beheimatet. In Worten und Ritualen, in Gebäuden und Liturgien, die älter sind als wir selbst. Denn ich bin überzeugt: Sie bergen uns auch in einer Zeit, die meint, nur das Neue, das Innovative, die nie zuvor gekannten virtuellen Welten seien von entscheidender Bedeutung. Das alles wird unserer Seele letzten Endes keine innere Ruhe schenken, denke ich. Aber wir können Geborgenheit finden im Glauben unserer Väter und Mütter, der sich nicht unablässig wandelt, sondern in jahrhundertealter Tradition einen Halt bietet, an dem wir uns und unser Leben festmachen können.

Sehnsucht nach

LIEBE

Martin Luther hat einmal gesagt, Gott sei wie ein Backofen voller Liebe. Daran erinnert mich das ganz in Rottönen gehaltene Bild von Eberhard Münch, das auch das Cover dieses Buches prägt. Rot, die Farbe der Liebe, in ganz verschiedenen Schattierungen. Gott ist voller Liebe. Gott füllt dich mit Liebe, ganz und gar. Liebe, warm, erwärmend, umfangend, manchmal wohl auch kurz vor dem Verbrennen. Ein Rot, das begeistert, mitnimmt. Ein Wirbel, der berührt, mitreißt, das Leben verändert.

Jeder Mensch sehnt sich nach der Liebe anderer Menschen, ja, nach der großen Liebe. Geliebt werden, lieben, das sind die stärksten Gefühle im Leben. Sie prägen jeden Einzelnen von uns. Wie viele Erwachsene erzählen mit leuchtenden Augen von der großen Liebe ihrer Jugend! Lieben zu können ist eine tief bewegende Erfahrung, und zu erfahren: Ich bin geliebt, das ist ein überwältigendes Gefühl. Einer meiner Lieblingsfilme trägt den Titel: „Tatsächlich Liebe". Er erzählt mehrere Geschichten von Paaren; einige gehen gut aus, andere nicht so gut. Am schönsten finde ich den Gedanken, mit dem der Film beginnt und endet: Eine Stimme aus dem Off sagt, immer wenn der Autor daran zweifle, dass es noch Liebe gibt, gehe er an einen Flughafen. Und dort, bei Ankunft oder Abflug, sei so viel Liebe zu spüren. Da begrüßen Eltern ihre Kinder. Da weint der Ehemann beim Abschied. Da freut sich die Frau unbändig auf den Geliebten. Das ist sehr eindrücklich. Abschied und Ankunft machen Liebe sichtbar, die wir im Alltag und in der Routine des Lebens manchmal aus dem Blick verlieren. Oder auch weil die Anforderungen des Zusammenlebens uns so manches Mal zu viel Kraft kosten. Zeiten der Trennung zeigen uns dann aber wieder, wie kostbar das Miteinander, das Vertrauen ist. Liebe will wertgeschätzt sein, damit sie nicht verkümmert. Diese Kostbarkeit im Alltag zu bewahren ist eine große Herausforderung.

Liebe kann so viel bewegen. Und so tief verletzen. Erfüllte Liebe kann wahrhaftig Berge versetzen; sie kann Menschen verändern, ermutigen, zum Strahlen bringen. Enttäuschte Liebe schmerzt entsetzlich, wirkt zerstörerisch, kann erniedrigen, in tiefe Trauer und Einsamkeit stürzen. Liebe, die zueinanderfindet, kann die ganze Welt vergessen machen. Unerfüllte Liebe kann Romane schreiben über den Schmerz und die Sehnsucht. Und wie sehr können Paare um Liebe ringen! Da gibt es ein böses Wort, das irgendwie nicht mehr aus der Welt zu schaffen ist. Das nagt und nagt, obwohl der andere sich dessen vielleicht gar nicht bewusst ist. Besonders verletzt die Entdeckung einer anderen Beziehung, einer Liebe, von der ich nichts wusste, die mich plötzlich aus der Intimität des Vertrauens im Miteinander ausschließt. Das kann Menschen zutiefst erschüttern. Und auch das gibt es: Entfremdung, den Alltag, der die Liebe weichen lässt. Eine Erfahrung, die plötzlich zwei Menschen fragen lässt: „Was habe ich damals an dir geliebt? Die Liebe ist mir irgendwie abhandengekommen …"

Ja, Menschen sehnen sich nach Liebe, aber was ist eigentlich Liebe? Viele Paare suchen nach Wegen, wie sie die Liebe, bei der jedem Anfang ein Zauber innewohnte, wie Hermann Hesse dichtete, bewahren können. Durch Aufmerksamkeit im Alltag, durch Gesten, durch bewusstes Miteinander. Es gibt inzwischen Seminarangebote, in denen Paare lernen können, wie sie ihre Liebe aufrecht-, jung, lebendig halten. Sehnsucht nach Liebe führt dann im besten Fall auch zu einem Ringen um Liebe und um den geliebten Menschen.

In einer Zeit der Entfremdung, in der immer mehr Menschen allein leben, sprießen Partnerschaftsagenturen aus dem Boden. Es wird versucht, einen anderen Menschen für eine liebevolle Beziehung passend zum eigenen Profil zu finden, und daran ist meines Erachtens nichts verwerflich. Noch immer lernen die meisten Menschen einen Partner oder eine Partnerin am Arbeitsplatz kennen. Aber Arbeitsplätze werden immer anonymer. In einer großen Abfertigungshalle sitzen nur noch wenige Menschen, alle an ihrem Computer. Die Interaktion miteinander entfällt. Da greift

Einsamkeit um sich. So versuchen Menschen, einen anderen zu finden, der sie liebt, das Leben mit ihnen teilt. Aber es ist gar nicht so einfach, einen anderen Menschen über das Internet kennen- – und lieben – -zulernen. Die ganze Unbefangenheit ist ja dahin, weil beide wissen: Ich suche einen Partner oder eine Partnerin. Das erzeugt Druck!

O ja, der Mensch kann auch allein glücklich leben. Alleinsein ist ja nicht gleichbedeutend mit Einsamkeit. Ich kenne viele, die sich nach einer gescheiterten Ehe oder Beziehung bewusst dafür entscheiden, allein zu leben. Oder das von vornherein als den für sie geeigneten Lebensentwurf sehen. Als Martin Luther sagte, die Ehe sei keine schlechtere Lebensform, wollte er das Alleinleben ja nicht abwerten, sondern lediglich sagen, es sei nicht prinzipiell eine vor Gott in irgendeiner Weise bessere Lebensform. Mir ist wichtig, dass wir an dieser Stelle keine Hierarchien von „besserem" oder „schlechterem" Leben aufstellen! In der Zeit, die ich in den USA verbracht habe, konnte ich das erleben. Die Familiensituation war dort Politikum und spielte im Wahlkampf eine entscheidende Rolle. Etwa: „Ich bin ein treuer Ehemann und ein guter Familienvater" – das ist eine Aussage über eine Lebensform, aber sie sagt doch nichts über politische Ziele. Und als zwei Frauen für das Gouverneursamt in einem Bundesstaat kandidierten, hieß es auf einmal, die eine sei besser geeignet, weil sie verheiratet sei und Kinder habe. Ihre politischen Optionen traten völlig in den Hintergrund …

Solche Wertungen verletzen Menschen, die allein leben, sehr. Fast müsste nun Luther für die andere Seite argumentieren: Es kann auch gottgefällig sein, allein zu leben! Luther wollte gerade zeigen, dass die Lebensform nicht entscheidend ist für den Glauben. Ganz unabhängig davon sehnt sich doch jeder Mensch nach Liebe und Zuneigung, ob er nun in einer Beziehung lebt oder als Single. „Es ist nicht gut, dass der Mensch allein sei", das ist eine alte biblische Weisheit. Gott spürt, so berichtet es die Schöpfungsgeschichte, dass der Mensch nach Geselligkeit verlangt, dass er darauf angelegt ist, sein Leben mit anderen zu teilen. Auch das ist ja Teil der Gottebenbildlichkeit, denn Gott selbst ist ebenfalls auf Beziehung aus, als er den Menschen schafft. Gott wie Mensch sind also Beziehungswesen. Und Liebe kann in sehr verschiedenen Konstellationen gelebt werden.

Dabei ist von Anfang an klar: Die vollkommene Liebe gibt es nicht. Nicht zwischen Mann und Frau, das zeigen schon Adam und Eva. Nicht zwischen Geschwistern, das geht schon aus der Erzählung über Kain und Abel oder gar aus der von den Kindern Jakobs hervor. Und auch nicht zwischen Eltern und Kindern, das können wir beispielsweise am Verhältnis von Isaak und Rebekka zu Jakob und Esau ablesen. All die alttestamentlichen Geschichten, in denen es um Beziehungen geht, sind einerseits von Liebe geprägt, andererseits aber voller Spannungen. Es ist mir wichtig, das an dieser Stelle zu erwähnen, um deutlich zu machen, dass die Bibel eben keine heile Welt zeichnet, sondern eine realistische.

Und die allgegenwärtigen Bilder, die heute von der „großen Liebe" gezeichnet werden, stellen auch eine große Belastung dar. Die Hochzeit muss unbedingt der schönste Tag des Jahres werden; endlos lang sind die Vorbereitungen, hoch die finanziellen Investitionen, alles soll perfekt sein. Ich bin seit mehr als fünfundzwanzig Jahren ordinierte Pastorin und habe das Gefühl, der Druck, dass alles „gelingt", wird immer größer. Das macht eine kirchliche Trauung zur Herausforderung! Wenn dann die eine oder andere Kleinigkeit nicht perfekt ist, wird gleich alles infrage gestellt. Wie traurig. Es soll doch einfach ein schöner Tag sein und keine Inszenierung! Hinterher fragt sich manches Paar, ob es nicht ganz anders hätte sein können. Dann kommt der Alltag, und beide müssen feststellen, dass der Ehepartner nicht ständig die alleinige Quelle ihres Glücks ist; ja, *er* hat Defizite und *sie* hat Macken. Und schließlich wird gleich die Liebe infrage gestellt. Ich finde es ungemein traurig, wenn Liebe unter Perfektionsdruck steht!

Und das gilt nicht nur für Paare, sondern auch für alle anderen Beziehungen: Meine Kinder entwickeln sich nicht so, wie ich mir das vorgestellt habe – vielleicht auch einfach nur so, wie sie sind –, und schon steht für manche die Liebe infrage.

Der Apostel Paulus spricht ebenfalls in eindrücklichen Worten von der Liebe:

Das Hohelied der Liebe

Wenn ich mit Menschen- und mit Engelzungen redete und hätte die Liebe nicht, so wäre ich ein tönendes Erz oder eine klingende Schelle. Und wenn ich prophetisch reden könnte und wüsste alle Geheimnisse und alle Erkenntnis und hätte allen Glauben, sodass ich Berge versetzen könnte, und hätte die Liebe nicht, so wäre ich nichts. Und wenn ich alle meine Habe den Armen gäbe und ließe meinen Leib verbrennen und hätte die Liebe nicht, so wäre mir's nichts nütze. Die Liebe ist langmütig und freundlich, die Liebe eifert nicht, die Liebe treibt nicht Mutwillen, sie bläht sich nicht auf, sie verhält sich nicht ungehörig, sie sucht nicht das Ihre, sie lässt sich nicht erbittern, sie rechnet das Böse nicht zu, sie freut sich nicht über die Ungerechtigkeit, sie freut sich aber an der Wahrheit; sie erträgt alles, sie glaubt alles, sie hofft alles, sie duldet alles. Die Liebe hört niemals auf, wo doch das prophetische Reden aufhören wird und das Zungenreden aufhören wird und die Erkenntnis aufhören wird. Denn unser Wissen ist Stückwerk, und unser prophetisches Reden ist Stückwerk. Wenn aber kommen wird das Vollkommene, so wird das Stückwerk aufhören. Als ich ein Kind war, da redete ich wie ein Kind und dachte wie ein Kind und war klug wie ein Kind; als ich aber ein Mann wurde, tat ich ab, was kindlich war. Wir sehen jetzt durch einen Spiegel ein dunkles Bild; dann aber von Angesicht zu Angesicht. Jetzt erkenne ich stückweise; dann aber werde ich erkennen, wie ich erkannt bin.

Nun aber bleiben Glaube, Hoffnung, Liebe, diese drei; aber die Liebe ist die Größte unter ihnen. 1. Korinther 13

Ich finde großartig, wie diese Worte bis in unsere Zeit anrühren. Von der Liebe Gottes ist im Neuen Testament immer wieder die Rede, wenn auch nicht immer so poetisch wie bei Paulus. Die Grundaussage ist: Gott liebt die Menschen. Und zwar nicht, weil sie sind, wie sie sind, sondern *obwohl* sie sind, wie sie sind. Gott weiß selbst, wie zerbrechlich und verletzlich die Liebe ist. Gott liebt diese Welt, auch wenn sie ihn immer wieder enttäuscht und nur die zweitbeste aller Welten ist. Gott liebt seinen Sohn, auch wenn die Welt nicht begreift, dass er zu Gott gehört. Jesus liebt die Seinen, die Menschen, die ihm nachfolgen, seine Mutter, seine Geschwister, Jüngerinnen und Jünger, auch wenn sie alle miteinander immer wieder versagen. Am Ende wird er von allen verlassen; nur ein paar wenige Frauen stehen unter dem Kreuz. Aber das ist nicht das Ende der Liebe! Nein, er verweist den besten Freund an die Mutter und die Mutter an den besten Freund. Die Liebe überwindet am Ende allen Verrat, alles Verlassensein, ja, selbst den Tod.

Was eine solche Liebe bedeutet, habe ich vor allem an meinen Kindern erfahren. Ich hätte nie gedacht, dass es möglich ist, einen Menschen so sehr zu lieben, dass er wichtiger ist als dein eigenes Leben. Nein, dabei es geht nicht um Überbemutterung oder Zwanghaftes. Es geht um Liebe, die den anderen frei liebt, ohne zu verurteilen, zu beurteilen. Egal, ob meine Töchter nach weltlichen Kategorien scheitern oder erfolgreich sind – das ändert nichts an meiner Liebe zu ihnen. Ganz gleich, ob sie meinen Hoffnungen, Erwartungen, Überzeugungen entsprechen – meine Liebe zu ihnen wäre durch nichts infrage gestellt. Das erlebe ich so. Und so verstehe ich auch Gottes Liebe. Gott will Gutes für unser Leben, aber gibt uns auch die Freiheit, es zu leben auf je unsere ganz eigene Weise.

„Liebt ihr mich, so werdet ihr meine Gebote halten", sagt Jesus (Johannes 14,15). Da geht es nicht um strenge Verhaltensregeln, sondern um Lust und Freude daran, so zu leben, wie Gott es uns vorgibt – in einem Liebesdreieck von Gottesliebe, Nächstenliebe und Selbstliebe. Die Liebe Gottes, die sich in Jesus Christus zeigt, ruft die Liebe hervor, die für uns der Maßstab des Handelns sein soll. All die Gesetzlichkeit, die so oft mit Religion einhergeht, hat mit dieser Freiheit nichts zu tun. Solche Erfahrung der Liebe Gottes ermöglicht ein sensibles Hinschauen, das Kraft entwickelt, sich anderen Menschen offen zuzuwenden. Solche Liebe kann Berge versetzen. Sie kann dazu führen, dass Menschen sich wahrhaftig für andere hingeben: für das Kind, für die alte Mutter, für den Bruder. Sie kann dazu führen, dass Menschen plötzlich Mut zum Handeln bekommen, den sie sich selbst niemals zugetraut hätten.

Eva Zeller hat dazu wunderbar gedichtet:

Die Liebe ist lächerlich
Sie reitet auf einem Esel
über ausgebreitete Kleider
Man soll sie hochleben lassen
mit Dornen krönen
und kurzen Prozess mit ihr machen
Sie sucht um Asyl nach
in den Mündungen unserer Gewehre
Eine Klagesache von Weltruf
Immer noch
schwebt das Verfahren
Sie stellt sich nicht ungebärdig,
sondern quer zur Routine der Machthaber
Die Behauptung,
sie ließe sich nicht erbittern
hat sie im Selbstversuch eindrücklich bestätigt
Sie ballt nicht die Faust
Sie steigt nicht herab
Sie hilft nicht sich selbst

Sie dient als Kugelfang
Nun aber bleibt
Glaube Liebe Hoffnung
diese drei
Aber die Liebe
ist das schwächste
Glied in der Kette
die Stelle
an welcher
der Teufelskreis
bricht.*

Die Liebe, die Nächstenliebe, sie ist Zeichen der Schwäche und findet gerade darin Stärke. Das ist das Paradoxe des christlichen Glaubens, das macht ihn für die Armen dieser Welt so anziehend! Ein Backofen voller Liebe – wo immer das Christentum das gepredigt hat, wo das sichtbar wurde, sind Menschen dieser Botschaft fasziniert gefolgt: die entwürdigten Kastenlosen in Indien, die Frauen in aller Welt, die Kinder ohne Rechte. Liebe ist das Sinnbild des Christentums, seit Jesus sich mit Liebe hingegeben hat in seinen Tod. Und Liebe ist stärker als der Tod. Auch das hat er, das haben seine Jüngerinnen und Jünger erfahren. Bis heute. Aber wir müssen gar nicht so weit weggehen. Jeden Tag kümmern sich Mütter und Väter um ihre Kinder, nehmen Eheleute liebevoll aufeinander Rücksicht, versuchen sich Freunde zu stärken …

Mit den Lebensjahren wächst auch die Lebenserfahrung, die uns zeigt: Je mehr ich von mir gebe, desto mehr bereichert es mich. Wenn ich weiß, wer ich bin – auch mit all meinen Schwächen und Fehlern –, kann ich umso mehr anderen zur Seite stehen.

---

* In: Koeppen/Spennhoff/Wolff (Hrsg.), Spuren des Lebens, Neukirchen-Vluyn 1994, S. 161.

Liebe bedeutet dann nicht, mit Perfektion daherzukommen, der Norm von Schönheit oder Erfolg zu entsprechen. Sondern für den anderen da zu sein, der anderen zuzuhören, mich selbst anzunehmen, wie ich bin. Es bedeutet, dass ich den anderen mit all seinen Schwächen liebe und nicht die Perfektion im Gegenüber suche.

Wer liebt, wer sich für andere einsetzt, wird das immer als Bereicherung erleben. Es gibt sozusagen einen Segenskreislauf der Nächstenliebe. Es ist doch immer wieder eine viel schönere Erfahrung, etwas geben zu dürfen, als auf Gaben anderer angewiesen zu sein. Der Segenkreislauf meint: Wir begegnen einander auf Augenhöhe. Wer empfängt, muss nicht demütig am Boden hocken. Nächstenliebe ist Zeichen eines Miteinanders, bei dem die Leistungsstarken selbstverständlich, mit Freude, mit Dank für die Leistungsschwachen eintreten. Und niemand wird dafür irgendeine Auszeichnung erwarten … Für mich geht es dabei um eine Haltung der Achtsamkeit. Andere dürfen niemals einfach nur Objekte meiner Zuwendung sein – das wäre eine herablassende Haltung. Aber ich will so durchs Leben gehen, dass ich anderen achtsam begegne. Schauen, was ich beitragen kann zu ihrer Fülle des Lebens. Würde ist mir wichtig in der Nächstenliebe; Almosengeben darf nicht herablassend daherkommen.

Klar geworden ist mir das beispielsweise, als ich mit Frauen in Äthiopien über Genitalverstümmelung gesprochen habe. Sie haben offen gesagt, dass sie wahrhaftig keine Lektionen aus Übersee benötigen. Aber wenn ich dazu beitragen könnte, dass sie die finanziellen Mittel bekommen, um über Land zu fahren und in den Dörfern innerhalb der eigenen Kultur von Frau zu Frau über diese Fragen zu sprechen, das wäre eine willkommene Unterstützung. Nur so kann Nächstenliebe praktiziert werden: nicht von oben herab, sondern auf Augenhöhe. Mit wechselseitiger Würde.

Das Gebot der Nächstenliebe kann da eine entscheidende Wegweisung geben. Jesus sagt, das höchste Gebot sei, Gott über alle Dinge zu lieben und unseren Mitmenschen wie uns selbst. Das ist sozusagen das Dreieck der Liebe. *Gott über alle Dinge lieben*, das wird uns auf einen ganz eigenen Weg bringen. Weil wir dann – um noch einmal Luther zu zitieren – fragen, woran unser Herz hängt. Was ist mir das Wichtigste im Leben: Gott, Erfolg, die Familie, gutes Aussehen, Geld? Was ist mein Gott? Kann es der Gott sein, der am Kreuz gestorben ist und die Menschen liebt?

Den Nächsten lieben. Ach, es ist leicht, Menschen zu lieben, die uns nahe sind. Aber die Unsympathischen zu lieben, diejenigen, die wir nicht mögen oder die uns gar angreifen, miesmachen, schlecht von uns reden – das ist wahrhaftig schwer. Wer aber so lieben kann, wird innerlich frei. Ich habe das zum ersten Mal begriffen, als ich einem Mann gegenübersaß, von dem ich wusste, dass er abfällig über mich redete, ja, geradezu über mich gelästert hatte. Ich lächelte ihn freundlich an und dachte: *Auch du bist ein Geschöpf Gottes. Deine Lästerei über mich sagt mehr über dich als über mich.* Und es war spürbar, dass er nicht wusste, wie er damit umgehen sollte. Ich aber spürte eine tiefe innere Freiheit.

Vielleicht finden wir zu einer solchen Freiheit vor allem dann, wenn wir an den dritten Punkt des Dreiecks kommen: *uns selbst lieben.* Uns annehmen, wie wir sind. Nicht immer mit allem hadern, was misslingt, wo wir hätten besser sein können, wo ein Fehler vermeidbar war, wo wir unseren eigenen Ansprüchen nicht genügen. Sondern uns selbst annehmen und sagen: „So bin ich. Mit all meinem Scheitern, mit all meinen Brüchen. Gott liebt mich, also kann ich mich selbst auch lieben." Wenn uns das gelingt, werden wir entdecken, dass wir überraschenderweise auch die lieben können, die wir auf den ersten Blick überhaupt nicht liebenswert finden. Das ist eine wunderbare Lebenserfahrung. Wahrscheinlich sind Liebe, Freiheit und Lebenslust Geschwister im Glauben. Und die Sehnsucht nach Liebe kann uns auf ihre Spur bringen.

Wie sagte der Apostel Paulus: „Nun aber bleiben Glaube, Hoffnung, Liebe, diese drei; aber die Liebe ist die Größte unter ihnen" (1. Korinther 13,13).

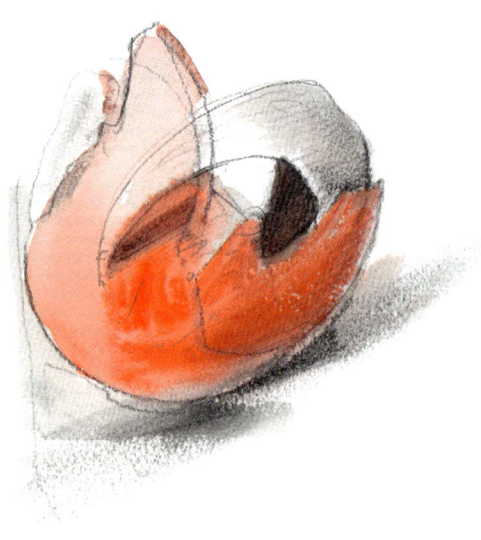

Nachwort

Als ich über Sehnsucht nachdachte, kamen mir immer wieder weitere Themen in den Sinn. Die Sehnsucht vieler Menschen nach Wurzeln etwa. Oder die Sehnsucht, dass das eigene Leben Bedeutung hat. Ich musste auch an ein Gespräch mit einer Professorin denken, die nach den Maßstäben unserer Gesellschaft alles erreicht hat, aber doch unsicher ist, wo denn der Sinn liege oder was sie zum großen Ganzen beitragen könne. Eine Freundin schrieb mir: „Ich hadere zwischen Autonomie und Nähewünschen, zwischen Disziplin und Hängenlassen, zwischen Weinen und Mutigsein – und weiß nicht, wo die Balance zu finden ist." Eine von vielen schweren Lebenserfahrungen geprägte Frau schrieb: „Ich möchte so gern alles bewältigen, aber manchmal gibt es einen Suizidsog. Da kann und will ich nicht mehr." Es ist diese Sehnsucht nach Sinn, nach Lebensbalance, denke ich, die sich da zu Wort meldet. Die Sehnsucht, einfach irgendwohin zu gehören, Bedeutung zu haben, das eigene Leben nicht zu verschwenden, sondern etwas zu widmen. Ein Aufschrei der Seele, die nach einem Ort sucht, an dem sie Ruhe findet. Ständig werden wir getrieben, angefragt, kritisiert – dabei möchten wir einfach loslassen können und wir selbst sein, umgeben von Menschen, die uns lieben und so annehmen, wie wir sind. Wir wollen auch unsere Lebensenergie nicht verschwenden, sondern verschenken oder für ein sinnvolles Ziel einsetzen.

Ich bin auch vielen Menschen begegnet, die Sehnsucht danach haben, beten zu können. Es lag ihnen auf der Zunge, wollte aber nicht über ihre Lippen kommen: „Lieber Gott!" Ihnen fehlten die Worte; sie wussten nicht, wie sie anfangen sollten. Oft half es ihnen, einfach mit Martin Luther zu sagen: „Fang an!" Einmal am Tag ein Vaterunser. Kein großes Brimborium, einfach einen eigenen Dialog mit Gott. Die Sehnsucht nach Gebet ist ja im Grunde die Sehnsucht nach Gott.

Letzten Endes teilen wir alle die Sehnsucht danach, dass unser Leben einen Sinn hat. Ob uns nun viele oder wenige Jahre geschenkt sind – wir wollen nicht nur ein Zufallsprodukt sein. Wenn wir denn schon sterben müssen, so soll doch die Lebenszeit auf dieser Erde wenigstens irgendeine Bedeutung haben. Der christliche Glaube sagt: „Du wirst diesen Sinn nie in dir selbst finden. Er wird dir von außen zugesprochen. Von Gott. Dein Leben hat einen Sinn, weil Gott dich wertschätzt und sich etwas gedacht hat, als er dich ins Leben rief." Wir müssen also nicht jeden Tag neu um einen Sinn ringen, sondern können unser Leben frei und gelassen leben, denn wir werden gehalten. Und dieses Bewusstsein gibt uns – im wahrsten Sinne des Wortes – Haltung.

Mehr als ein Mal in meinem Leben habe ich einen Vers von Arno Pötzsch zitiert: „Du kannst nicht tiefer fallen als in Gottes Hand." Sehr unterschiedliche Menschen haben mir geschrieben, dass sie das getröstet habe und dass sie diesen Ausspruch selbst in schwierigen Situationen zitieren. Seine Töchter haben mir geschrieben, wie wichtig ihnen selbst diese Erinnerung an den Vater ist. Der Satz ist eine tiefe Glaubensaussage, aber er spricht offenbar auch Menschen an, die den Glauben noch nicht für sich entdeckt haben, sondern auf der Suche sind und sich nach Glaube sehnen. So wünsche ich mir, dass Menschen in unserem Land und in unserer Zeit dieser Sehnsucht nach Glauben mehr Raum geben würden, dass unsere Kirche die Suchenden begleitet und für ihre Fragen und Ängste und Vorurteile offen ist. Am Ende wird es darum gehen, dass wir von unseren eigenen Überzeugungen und Glaubenserfahrungen sprechen. Gewiss, sie sind nicht immer rational zu erklären oder sachlich darzulegen. Sie mögen auch belächelt werden oder Häme und Spott begegnen. Aber sie sprechen von eben dieser Haltung: Ich weiß mich gehalten, deshalb habe ich Haltung.

Ein Gedicht von Rainer Maria Rilke verleiht dem auf wunderbare Weise Ausdruck.

Herbst
Die Blätter fallen, fallen wie von weit,
als welkten in den Himmeln ferne Gärten;
sie fallen mit verneinender Gebärde.

Und in den Nächten fällt die schwere Erde
aus allen Sternen in die Einsamkeit.

Wir alle fallen. Diese Hand da fällt.
Und sieh dir andre an: es ist in allen.

Und doch ist einer, welcher dieses Fallen
unendlich sanft in seinen Händen hält.

Daran glaube ich. Und da findet meine Sehnsucht ein Zuhause, eine Beheimatung, ihre Verwurzelung. So wünsche ich mir, dass dieses Buch Menschen ermutigt, ihre Sehnsucht nach Leben zuzulassen, ihr Raum zu geben, sie nicht zu unterdrücken. Wir brauchen mutige Menschen, die einstehen für ihren Glauben, für ihre Familie, für ihre Freundinnen und Freunde, für Gerechtigkeit und Frieden, für diejenigen, die als Flüchtlinge in den Elendsvierteln dieser Welt auf andere angewiesen sind. Unsere Welt, die für mich Gottes Welt ist, braucht Menschen, die anderen beistehen. Menschen, die sich nicht ablenken lassen von den Unterhaltungsprogrammen der Medien, sondern die über den Zaun blicken. Menschen, die noch Visionen haben und Träume und sich nicht von Fernsehen, Geld und Konsum einschläfern lassen. Die Träumenden sind gefragt, die mit einer wachen Sehnsucht nach Leben.

Diese Menschen kennt auch schon das Buch der Psalmen. Ich liebe es sehr, denn es zeigt, dass Poesie oft stärker ist als alle Abhandlungen, Appelle und theologische Schriften – und das über Jahrtausende hinweg bis in die Gegenwart. Die Psalmbeter wissen: Es gibt diese doppelte Sehnsucht nach Leben in vielfältiger Weise. Es ist die Sehnsucht, dass meine begrenzte Lebenszeit einen Sinn hat. Und die Sehnsucht nach Leben in der Beziehung zu Gott, getragen vom Glauben, mit der Hoffnung auf ein Leben, das weit über diese Zeit und Welt hinausweist. Es tut unserer Seele gut, wenn wir uns dieser Lebenssehnsucht stellen. So möchte ich mit Psalm 126 enden, den ich gern bei meiner Beerdigung zitiert wissen wollte:

Wenn der Herr die Gefangenen Zions erlösen wird, so werden wir sein wie die Träumenden. Dann wird unser Mund voll Lachens und unsre Zunge voll Rühmens sein. Dann wird man sagen unter den Heiden: Der Herr hat Großes an ihnen getan! Der Herr hat Großes an uns getan; des sind wir fröhlich. Herr, bringe zurück unsre Gefangenen, wie du die Bäche wiederbringst im Südland. Die mit Tränen säen, werden mit Freuden ernten. Sie gehen hin und weinen und streuen ihren Samen und kommen mit Freuden und bringen ihre Garben.

Die Bilder des Buches

Eberhard Münch

Umschlagabbildung: 56,5 × 77,0 cm, Mischtechnik, Ohne Titel,
Zyklus „Glaube, Hoffnung, Liebe" (1. Korinther 13), 2010
Seite 13:   56,5 × 56,5 cm, Mischtechnik, Ohne Titel, 2010
Seite 25:   56,5 × 77,0 cm, Mischtechnik, Ohne Titel, 2009
Seite 37:   56,5 × 56,5 cm, Mischtechnik, Ohne Titel,
              Zyklus „Psalm 23", 2009
Seite 49:   56,5 × 56,5 cm, Mischtechnik, Ohne Titel,
              Zyklus „Psalm 23", 2009, Ausschnitt
Seite 61:   56,5 × 77,0 cm, Mischtechnik, Ohne Titel
              (Johannes 11,25), 2010
Seite 71:   56,5 × 77,0 cm, Mischtechnik, Ohne Titel,
              Zyklus „Glaube, Hoffnung, Liebe" (1. Korinther 13), 2010
Seite 87:   38,5 × 56,5 cm, Mischtechnik, Ohne Titel, 2009
Seite 101: 56,5 × 38,5 cm, Mischtechnik, Ohne Titel, 2009
Seite 113: 56,5 × 77,0 cm, Mischtechnik, Ohne Titel, 2009
Seite 127: 56,5 × 56,5 cm, Mischtechnik, Ohne Titel, 2009
Seite 143: 56,5 × 77,0 cm, Mischtechnik, Ohne Titel,
              Zyklus „Glaube, Hoffnung, Liebe" (1. Korinther 13), 2010
Seite 155: 56,5 × 77,0 cm, Mischtechnik, Ohne Titel,
              Zyklus „Glaube, Hoffnung, Liebe" (1. Korinther 13), 2010

Im Handel sind ein großer Kunstkalender und ein Postkartenkalender mit
Texten von Margot Käßmann und Bildern von Eberhard Münch erhältlich.
Ebenfalls lieferbar sind Kunstkarten mit vielen Motiven aus diesem Buch.

Außerdem sind zwei Hörbücher erschienen:
Margot Käßmann: Sehnsucht nach Leben
ISBN 978-3-942208-49-9
Margot Käßmann/Hans-Jürgen Hufeisen: Meditation mit Musik
ISBN 978-3-942208-75-8

Margot Käßmann

Prof. Dr. theol., Dr. h. c., geb. 1958, ist evangelisch-lutherische Theologin und Pfarrerin. Sie war von 1999 bis 2010 Bischöfin der größten evangelischen Landeskirche in Hannover und 2009/2010 Ratsvorsitzende der Evangelischen Kirche in Deutschland. Davor war sie Gemeindepfarrerin, Studienleiterin der Evangelischen Akademie Hofgeismar und Generalsekretärin des Deutschen Evangelischen Kirchentags. Seit April 2012 wirkt sie als „Botschafterin des Rates der EKD für das Reformationsjubiläum 2017".
Margot Käßmann ist Mutter von vier erwachsenen Töchtern.

Eberhard Münch

Geboren 1959. Von 1983 bis 1987 Studium an der Akademie der Bildenden Künste in Nürnberg. Studienfach Wandmalerei bei Prof. Günter Vogelsamer, Prof. Oskar Koller und Prof. Erwin Senft. Abschluss als akademischer Kunstmaler. 1988 Hochzeit mit Maria Amelia Acconci. Seit 1987 selbstständig als freier Maler und Raumgestalter. Aufträge im In- und Ausland. Zahlreiche Ausstellungen und Ausstellungsbeteiligungen seit Anfang der 1980er-Jahre. Mehr über den Künstler: www.atelier-muench.de

Verlagsgruppe Random House FSC® N001967
Das für dieses Buch verwendete FSC-zertifizierte Papier *BVS matt*
liefert Scheufelen, Lenningen

© 2015 by adeo Verlag
in der Gerth Medien GmbH, Asslar,
Verlagsgruppe Random House GmbH, München
Die Bibelzitate wurden der Lutherübersetzung entnommen,
revidierte Fassung von 1984.
© 1984 Deutsche Bibelgesellschaft, Stuttgart.

1. Sonderauflage, März 2015

Bestell-Nr. 835048
ISBN 978-3-86334-048-3

Umschlaggestaltung: Buttgereit & Heidenreich, Haltern
Titelfoto Margot Käßmann: © Foto Monika Lawrenz / LVH
Bilder auf dem Umschlag und im Innenteil: Eberhard Münch, Wiesbaden
Satz: Marcellini Media GmbH, Wetzlar
Druck und Verarbeitung: CPI books GmbH, Ulm
Printed in Germany